監修 森戸裕一

イラストでわかる！
X で変わる100の景色

池田書店

はじめに

「ＩＴ化を進めなくては、企業は存続できなくなる」

そう言われ始めたのが２０００年頃。それから20年以上が経ちますが、ＩＴ化を進めて業績が向上した企業がある一方で、そうでない企業も依然として経営を続けています。

近年、「ＤＸ（デジタルトランスフォーメーション）」という言葉が注目されるようになりました。かつて「ＩＴ化が必要！」と叫ばれていた頃を思い出す人もいると思いますが、当時とは状況はまったく異なります。この20年間でスマホが普及し、行政の手続きや企業間コミュニケーションなど、書面や対面が当たり前であったことがオンライン上で行われるようになりました。こうした日々の暮らしの変化が示すように、世界は今「デジタル社会」となっています。

世の中がデジタル社会に変われば、当然のようにビジネスも変わります。世の中全体がＩＴ化を推し進めていた時代と異なり、すでにデジタル化した社会に対して企業が適応していかなくてはならない時代となりました。デジタル社会は、企業や業界全体の役割に変革をもたらしています。製品やサービス、ビジネスモデルが変化し、経営資源の豊富さや企業規模の大・小など、これまで隔たりをつくっていた垣根を、デジタルを利用して超えることができるようになりました。

本書は、そうしたＤＸを成し遂げた企業の取り組みを「何を変革したのか」を軸に分類して解説していきます。さまざまな企業があり、いろいろな取り組みと成果があることをお伝えしたく、１００の事例を集めました。「ＤＸ？　これまでやってきたＩＴ化と何が違うの？」「アナログでも、それなりにやってこれたよ」と、デジタル社会のなかでＤＸに戸惑っている方々も、本書によって視界が開けるでしょう。三者三様のＤＸの事例を見て「我が社なら、こういうやり方なのかも」「我が社でもここは目指せるな」といったように「自社ならこうだろう」と思いを巡らせ、ＤＸの一歩を踏み出すきっかけになれば幸いです。

監修　森戸裕一

中小企業のDX（Digital Transformation）で変わる3つの未来

ＤＸによってどんな変化が起きるのか。そのイメージを掴みやすいよう、ＤＸがもたらす３つの未来のシナリオを紹介します。

ひとつ目は、これまで、決して少額とはいえない資金をもとに大勢が関わって行っていたビジネスでも、デジタル化を進めることで、少人数、いや、たったひとりでも、大企業といわれるような大きな組織と対等にビジネスができることです。92ページで取り上げるミウラタクヤ商店はひとりで運営しているＥＣサービスですが、ＥＣサイトを作成できるサービスを利用することで、顧客の声に合わせて機能を拡張し、スマホひとつで運営できる体制を整えました。この体制でビジネスを始め、創業5期目には年商1億円を突破。こうしたチャンスは、デジタル化が進んだ現代では誰もが掴めるのです。

1 経営資源の捉え方が変わり企業規模の壁を打ち破る

ECサイト作成サービスを導入したことでひとりでもEC運営が可能になった

スマホのみでも運営が可能。顧客からの問い合わせに瞬時に対応できる

創業後4カ月目以降から経営が黒字化。創業5期目には年商1億円を突破した

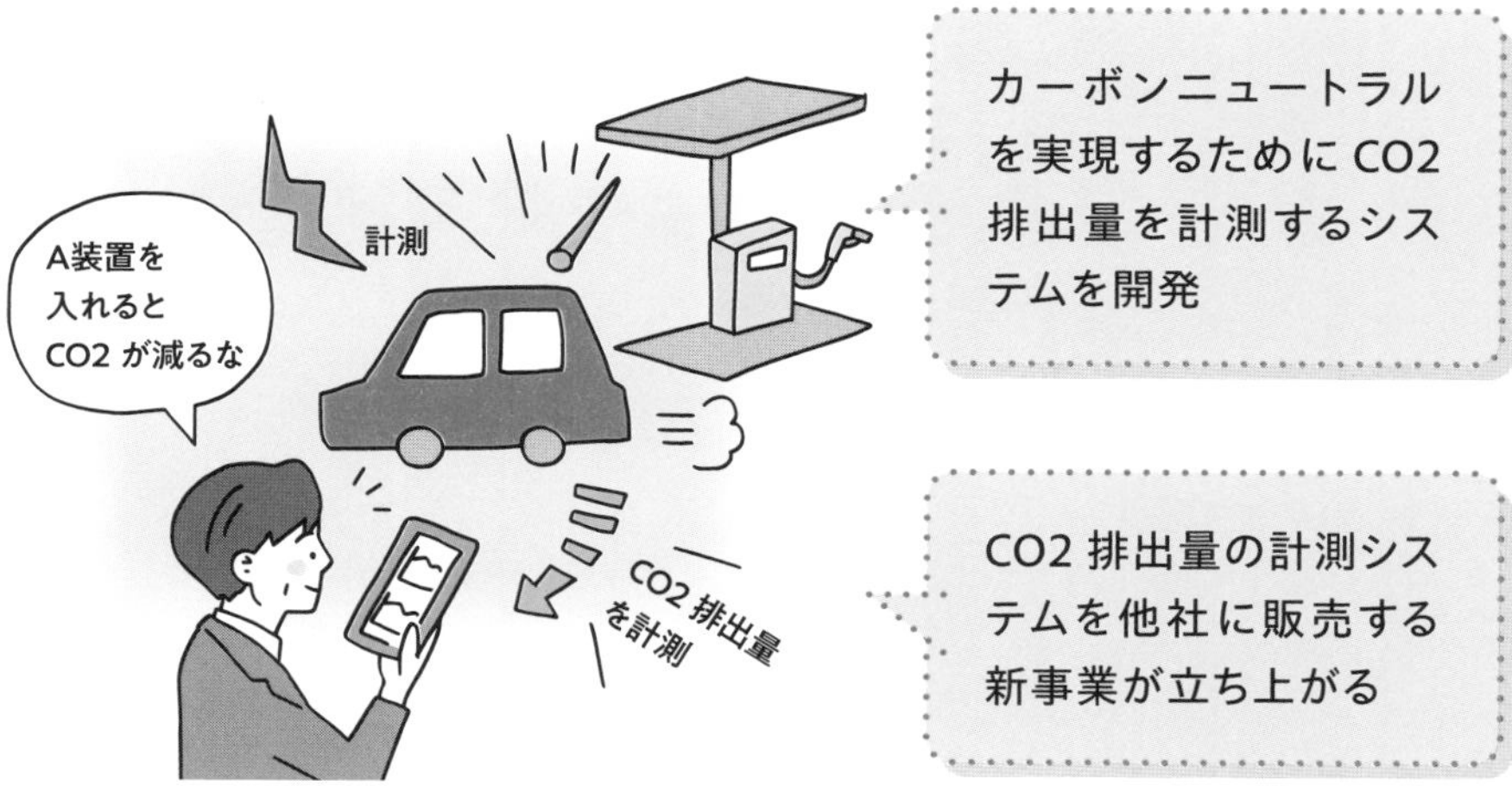

A装置を
入れると
CO2 が減るな
計測
CO2 排出量
を計測
カーボンニュートラル
を実現するために CO2
排出量を計測するシス
テムを開発
CO2 排出量の計測シス
テムを他社に販売する
新事業が立ち上がる

2 異業種間の連携で新たなビジネスが生まれる

また、「異業種」もＤＸがもたらす未来のキーワードのひとつです。例えば、エンジンなどの自動車部品メーカーである旭鉄工は、カーボンニュートラルの実現に向け、ＣＯ２の排出量を計測できるシステムをつくりました。

無駄なＣＯ２の排出の原因を分析することでＣＯ２の排気量を削減できるだけでなく、このシステムをほかの会社に販売することで、会社の新たな収益源にもなりました。

こうしたシステムの制作や販売も、デジタル化が進んだ先の変革、つまりＤＸによって起こっているのです。

最後は、商圏が広がる未来です。小売業の場合、物理的な距離の制限があるため商圏が限られていましたが、オンライン上で売買できるステップを設けることで集客できる人数を伸ばすことができます。

佐賀県内で注文住宅を手掛ける笹川工建は、ドローン事業を手掛けるトルビズオン、そして佐賀県多久市と連携し、ドローンで商品を配達する実証実験を行っています。この実証実験は、介護老人保健施設への買い物支援や、山間部への緊急時の医療支援を想定して行われたものですが、こうした取り組みが発展して多くの地域と企業が連携をすれば、普段は店に訪れることのできない客層にまで商圏を広げることができるようになります。

地域企業と自治体が連携してドローンを使った商品配達を検証
今まで商品を購入できなかった人も新たに顧客になり、商圏が広がる

3 地域の連携で従来の商圏を越える

目次

第2章 組織・文化が変わる

第3章 **情報共有・意思決定**が変わる

第4章 **働き方**が変わる

第5章 従業員体験が変わる

第6章

ビジネスモデルが変わる

第7章

業務プロセスが変わる

本書は、企業・官公庁のプレスリリースなどの公開情報をもとに編集部が事例を選定し、紹介しています。

序章

DXはデジタル化による"変革"を指す言葉

DX
(デジタルトランスフォーメーション)
社会全体にデジタル化が浸透したその先、デジタル化を通じて生活や働き方が変革することを指す

デジタル化
ペーパーレスやAIの活用、業務の自動化など 技術そのものを指す

DXによってビジネスの前提が変化する

DXとはデジタルトランスフォーメーション(Digital Transformation)の略で、デジタル技術を活用し、企業や行政が事業や組織のあり方を変革することを意味します。

DXは「デジタル化」と混同されがちですが、「デジタル化」はテクノロジーそのものの話です。マニュアルや請求書などの印刷物をペーパーレス化したり、業務をAIで自動化したりすることがデジタル化にあたります。一方、**DXは社会全体にデジタル化が浸透したその先、私たちの生活や働き方が変革することを指す**ため、具体的な取り組みとしては「デジタル化」を包含した、「デジタル化」より広い概念といえるでしょう。

そして今、社会のデジタル化が急速に進み、ビジネスにおけるDXの必要性が声高に叫ばれています。スマホをひとりが1台持つ時代となり、私たちは、基本的にどこからでもインター

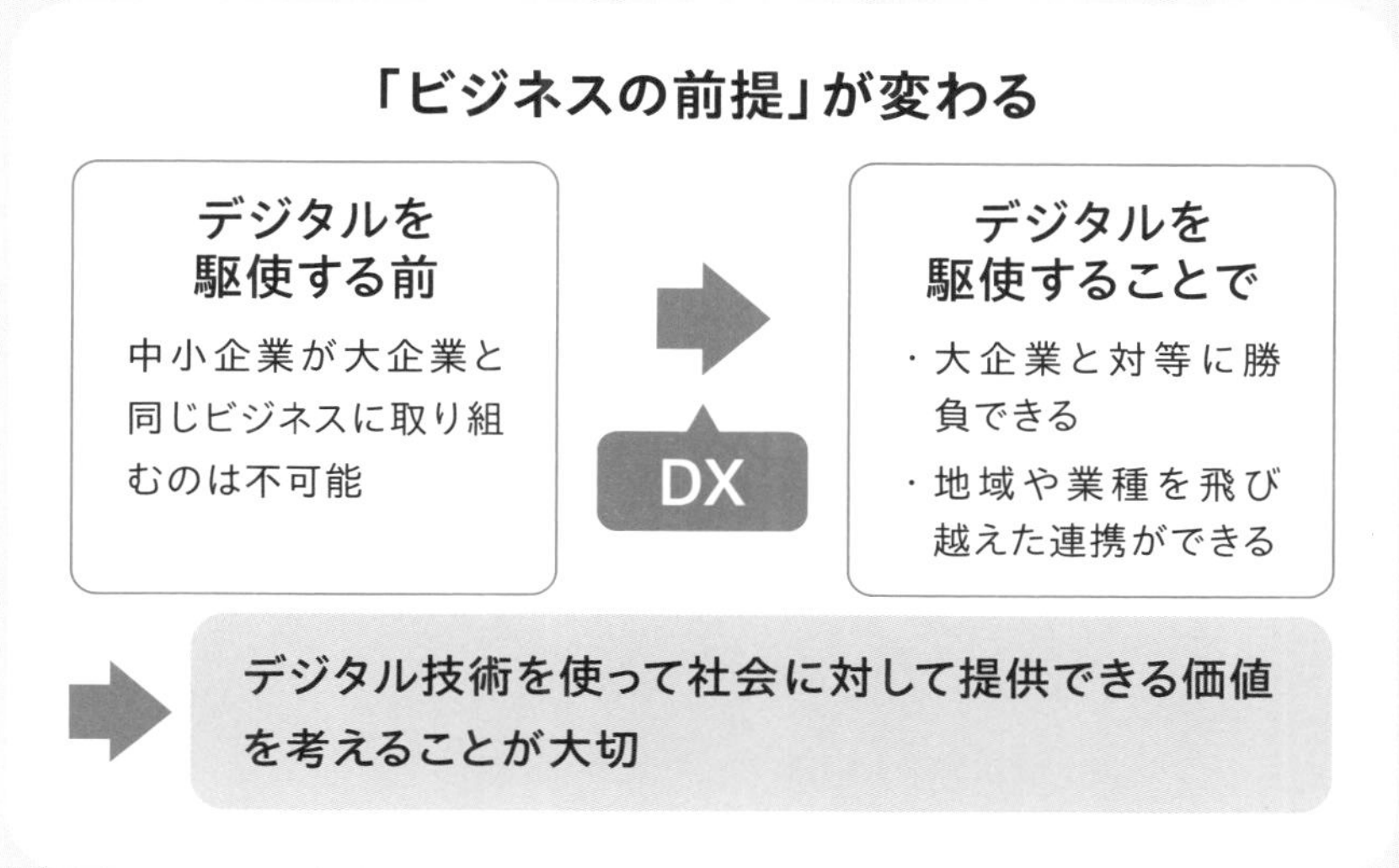
「ビジネスの前提」が変わる
デジタルを駆使する前
中小企業が大企業と同じビジネスに取り組むのは不可能
DX
デジタルを駆使することで
・大企業と対等に勝負できる
・地域や業種を飛び越えた連携ができる
デジタル技術を使って社会に対して提供できる価値を考えることが大切

ネットに接続して、企業や行政のサービスを当たり前のように受けることができます。また、コロナ禍でテレワークが普及したことで、業務内容によっては場所を選ばずに仕事が進められるようになりました。

そうした社会背景のなかで、**企業が果たす役割も変化してきています**。端的にいえば「ビジネスの前提」がデジタル化以前の社会からガラッと変わったのです。

特に影響が大きいのは中小企業です。大企業しか取り組めなかったビジネスも、デジタルを駆使することで、大企業と対等に勝負できるようになりました。地域や業種を飛び越えた連携を実現してイノベーションを起こしやすくなっています。

つまり、**デジタル化の浸透によって「オフィスや経営資源の大きさ」「地方か都市か」といった違いでビジネスの勝敗が決まらない世界へと移行したわけです**。そのなかで、デジタル技術を使って自分たちの会社が社会に対して提供できる価値とはどんなものか。そのために、どのような役割変革を果たせばよいのか。今、企業がＤＸに取り組むのであれば、まずはここをしっかりと考え抜くことがスタート地点になるでしょう。

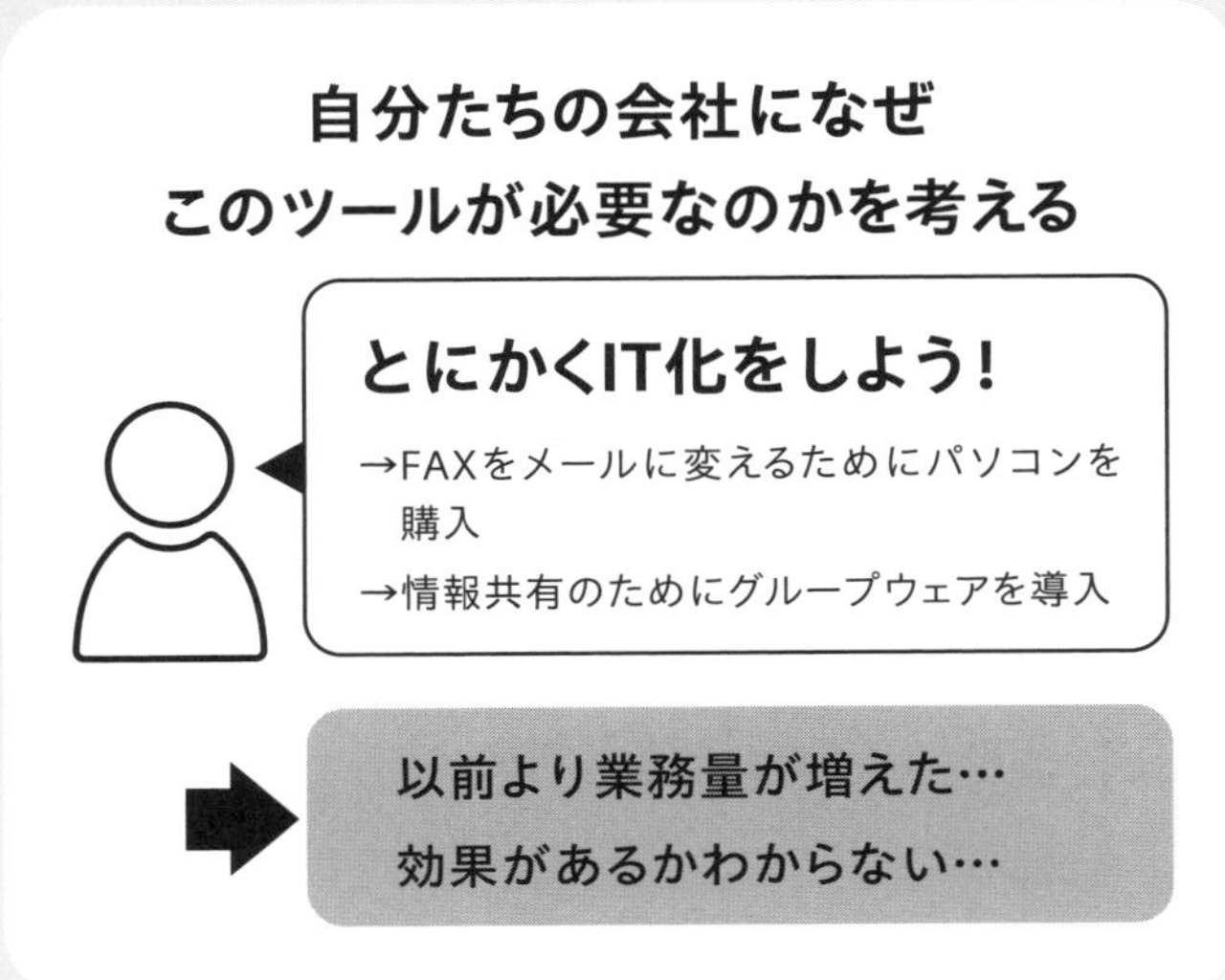

自分たちの会社になぜ
このツールが必要なのかを考える
とにかくIT化をしよう！
→FAXをメールに変えるためにパソコンを購入
→情報共有のためにグループウェアを導入
以前より業務量が増えた…
効果があるかわからない…

「とりあえず」でツールを導入しても業務は効率化しない

目的から逆算してDXを推進する

ＤＸを進めるにあたり、「とにかくＩＴ化から始めましょう」となってしまう企業が多いのも事実です。実際に「ＦＡＸをメールに変えるためにパソコンを買う」「情報共有が必要だからグループウェアを導入する」など、ＩＴ化を進めている企業の話をよく耳にします。

もちろん、デジタル社会に対応した企業の役割変革には、こうしたＩＴ機器やツール導入によって業務の効率化を行うことも必要です。**問題は「自分たちの会社に、なぜこのＩＴ機器やツールが必要なのか」を精査できていないケースです。**

グループウェアを導入する場合、まず社内のコミュニケーションの課題があり、それを解決するために、どのようなツールが最適なのか、という順序で考えなければならないのに、目的を明確にしないまま「とりあえず最新のグループウェアを入

目的から逆算してツールを導入する

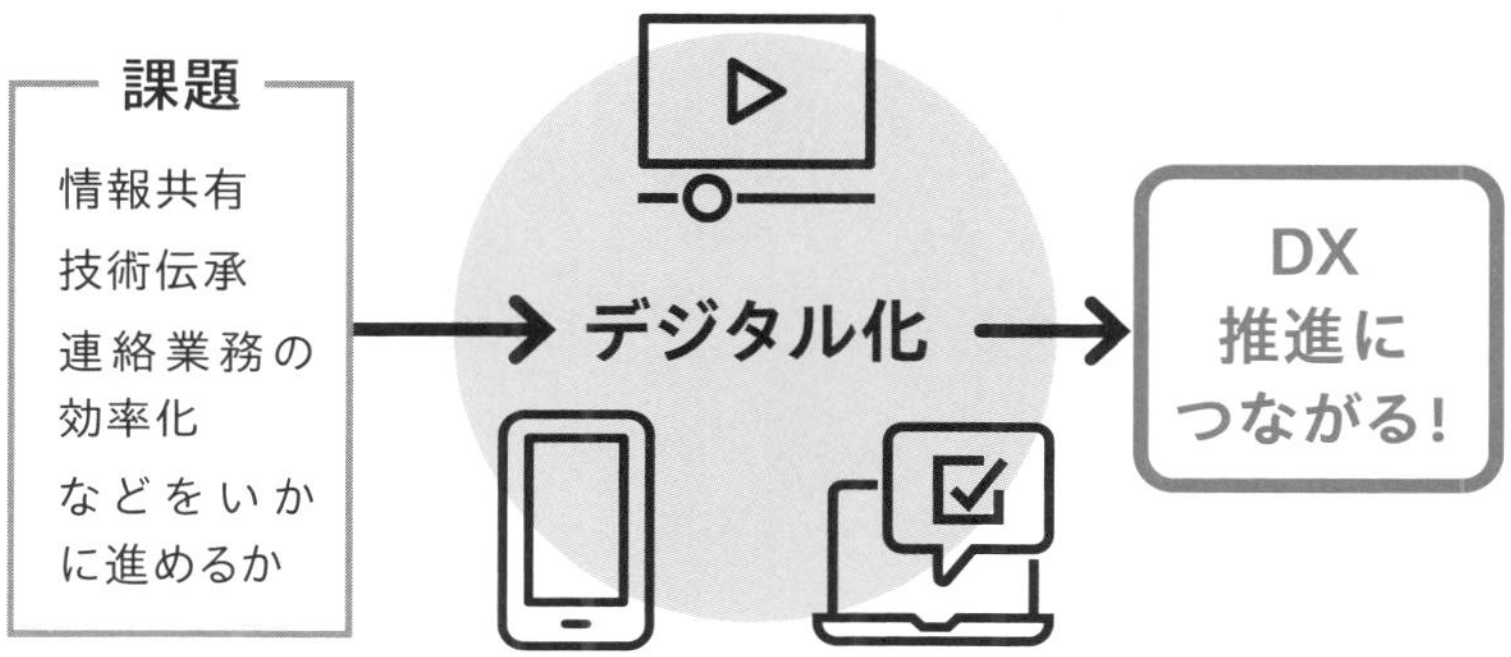

れるか」という判断でツール導入を進める企業も多いのです。単純な情報共有であれば、社内の掲示板やホワイトボードで事足りたかもしれないのに、です。

こうした発想に多くの企業が陥ってしまっているのは非常にもったいないこと。コミュニケーションツールに限らず、まず「新しい機器やツールを入れればなんとかなる」という発想はいったんリセットしたほうがよいでしょう。

ツール導入でうまくいく企業とそうでない企業の分かれ目はここです。**デジタル化した社会への適応という目的から逆算して、自分たちがすべきことを明確に理解している企業は、ツール導入ひとつとってもうまくいきます**。一方、そうでない企業はＩＴツールを導入すること自体が目的になり、システム会社にいわれるがまま、効果があるのかもわからないＩＴ化をやり続けてしまうリスクがあります。

事業構造を抜本的に変化させて、デジタル社会に適応できる企業になるためにＩＴを手段として使う。突き詰めると「ビジネススキル」の高い企業でなければ事業継続は難しく、今後はこのスキルを高めることが企業にとって重要になるのです。

Digital Transformation

03

DXとは

DXの推進による異業種への越境と役割変革

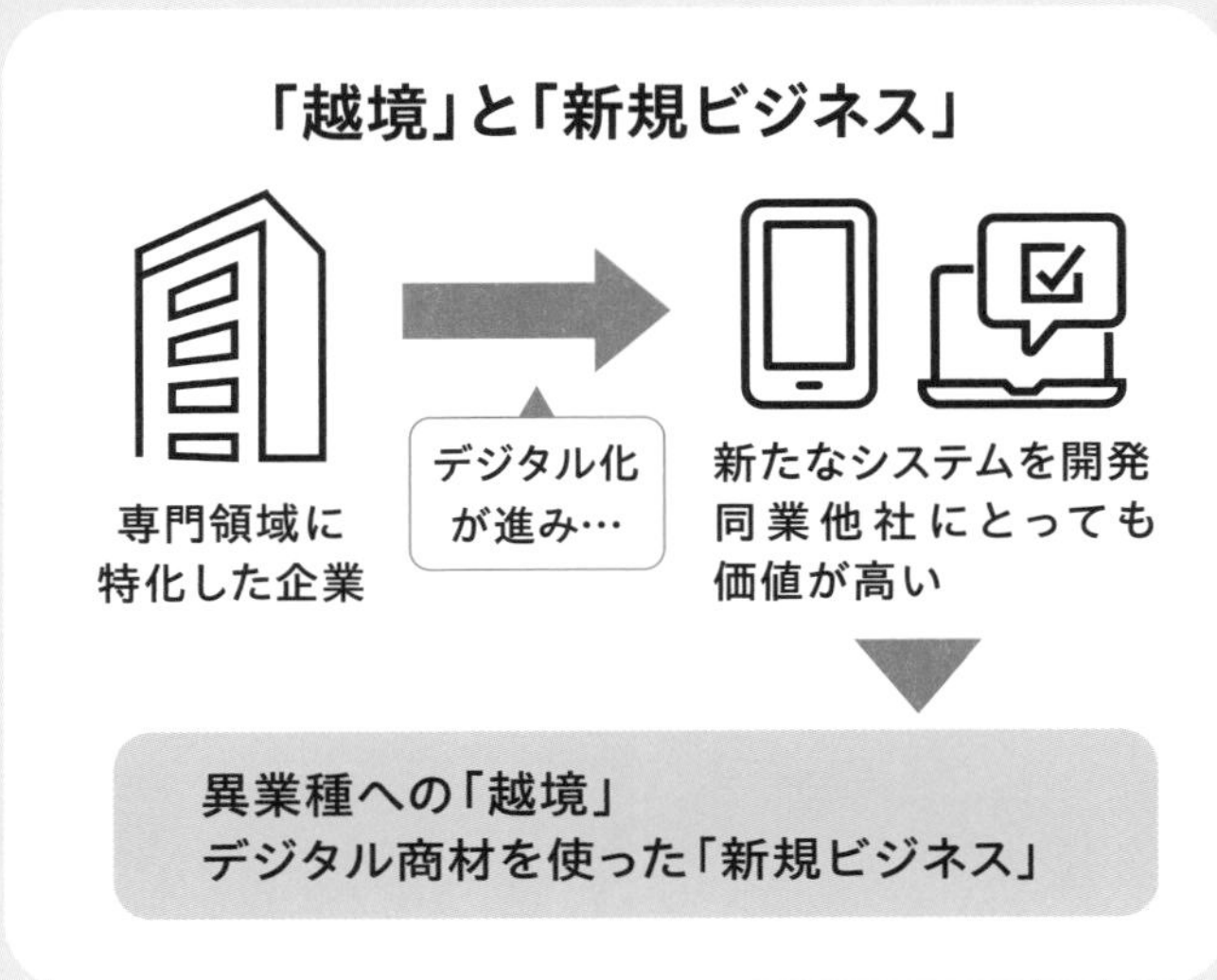

制約から解放されたビジネスが生まれる

企業がビジネススキルを高め、デジタル社会に適応したその先、どのような変革（トランスフォーメーション）が起こるのか。**特に中小企業では、「越境」と「新規ビジネスの創出」、この2つの変化が顕著になると考えられます。**

例えば、印刷業や製造業などの会社がシステム会社になるケースが増えています。デジタル技術の進歩によってシステム開発のハードルも格段に下がっています。専門領域に特化したノウハウを持つ企業がDXの推進を機に開発したシステムは同業他社にとっても非常に価値があるため、これがビジネスチャンスになっているというわけです。

ここでのポイントは異業種への「越境」が起きていることと、デジタル商材を使った「新規ビジネス」である点です。デジタル社会になったことで、物理的な距離はもちろん「商圏」も飛

中小企業の「商圏」が変わる

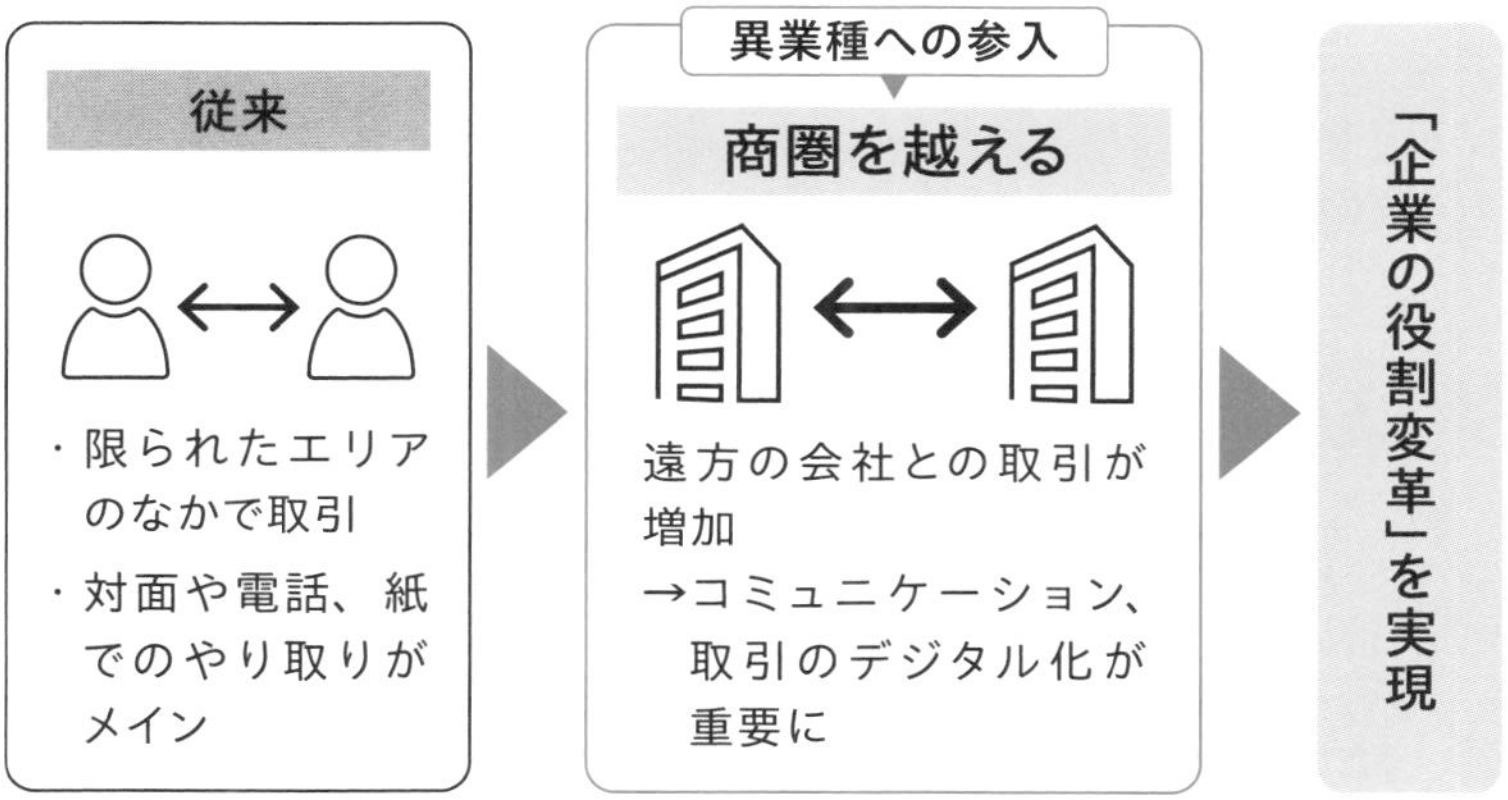
従来
・限られたエリアのなかで取引
・対面や電話、紙でのやり取りがメイン
異業種への参入
商圏を越える
遠方の会社との取引が増加
→コミュニケーション、取引のデジタル化が重要に
「企業の役割変革」を実現

び越えやすくなっています。デジタルな商材であればなおさら、地方都市の企業でも都市部の企業に対抗できます。中小企業にとっては、物理的な距離と経営資源の制約から解放されたことで、これまで以上にビジネスチャンスが増えた一方、**新規かつ複数の取引先とのコミュニケーションが必要となります**。

中小企業の従来のビジネスでは、限られたエリアのなかでの取引先とは顔見知りなので、そもそもITを活用したやり取りはあまり必要とされてきませんでした。グループウェアやメールを使わずとも電話で事足りますし、対面で確認したり話し合ったりすることが容易な相手同士であれば、契約書なども紙でやり取りしたほうがかえって効率がよかったのです。

しかし、異業種への参入や、商圏を越えてほかの企業と連携しながらビジネスを行う場合、**紙でのやり取りでは取引先とのコミュニケーションが非常に煩雑になるため、デジタル化に対応できない企業は発注を切られるリスクが大きくなります**。これまでの商習慣では事業を継続できない可能性があるのです。

デジタル社会への適応という文脈で、業務効率化や利益最大化のその先、「企業の役割変革」を実現して事業の存続を見据えたうえで、DXに取り組むべきなのです。

デジタル社会に適応した仕事の変化を捉えられる人材を育てる

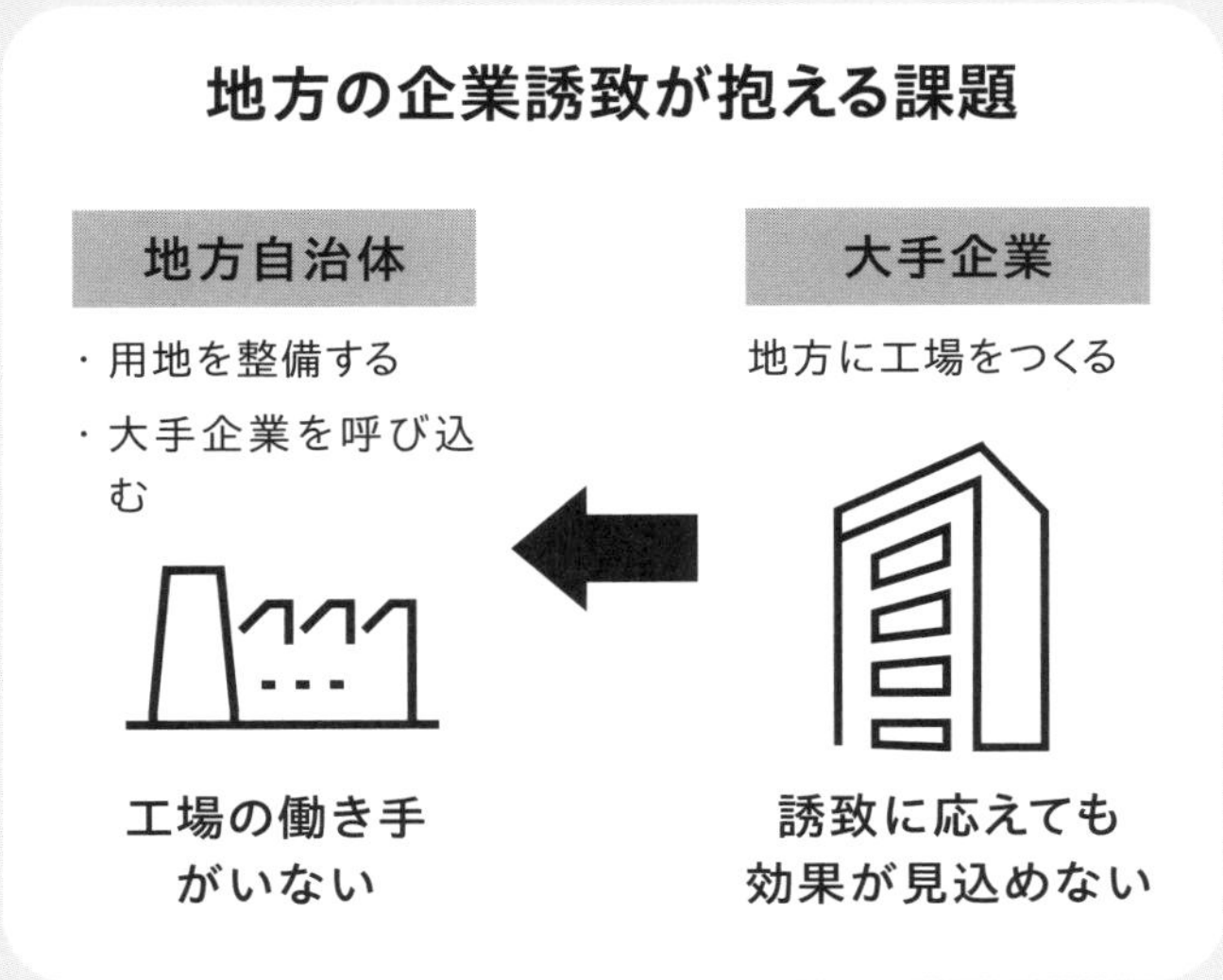
地方の企業誘致が抱える課題
地方自治体
・用地を整備する
・大手企業を呼び込む
大手企業
地方に工場をつくる
工場の働き手がいない
誘致に応えても効果が見込めない

DXによる中小企業の役割変革

デジタル社会のなかで中小企業の役割変革が進むと、ビジネスはどう変わるのか。そのわかりやすい例として「企業誘致」が挙げられます。

各自治体がさまざまな企業と連携しながら地域課題解決型のビジネスがつくられています。以前は、地方活性化のためのこうしたプロジェクトは「各自治体が用地を整備し都市部から大手企業を呼び込んで工場をつくってもらう」といった形の企業誘致が一般的でした。

しかし、生産人口が減っているなか、働き手がいない地方に工場を誘致しても効果が見込めません。そうした背景から、今、進んでいるのが**「実証実験型の企業誘致」**です。

例えば、過疎化が進む地域では、空き家問題、免許返納後の高齢者の移動手段の確保といった課題を抱えています。これを

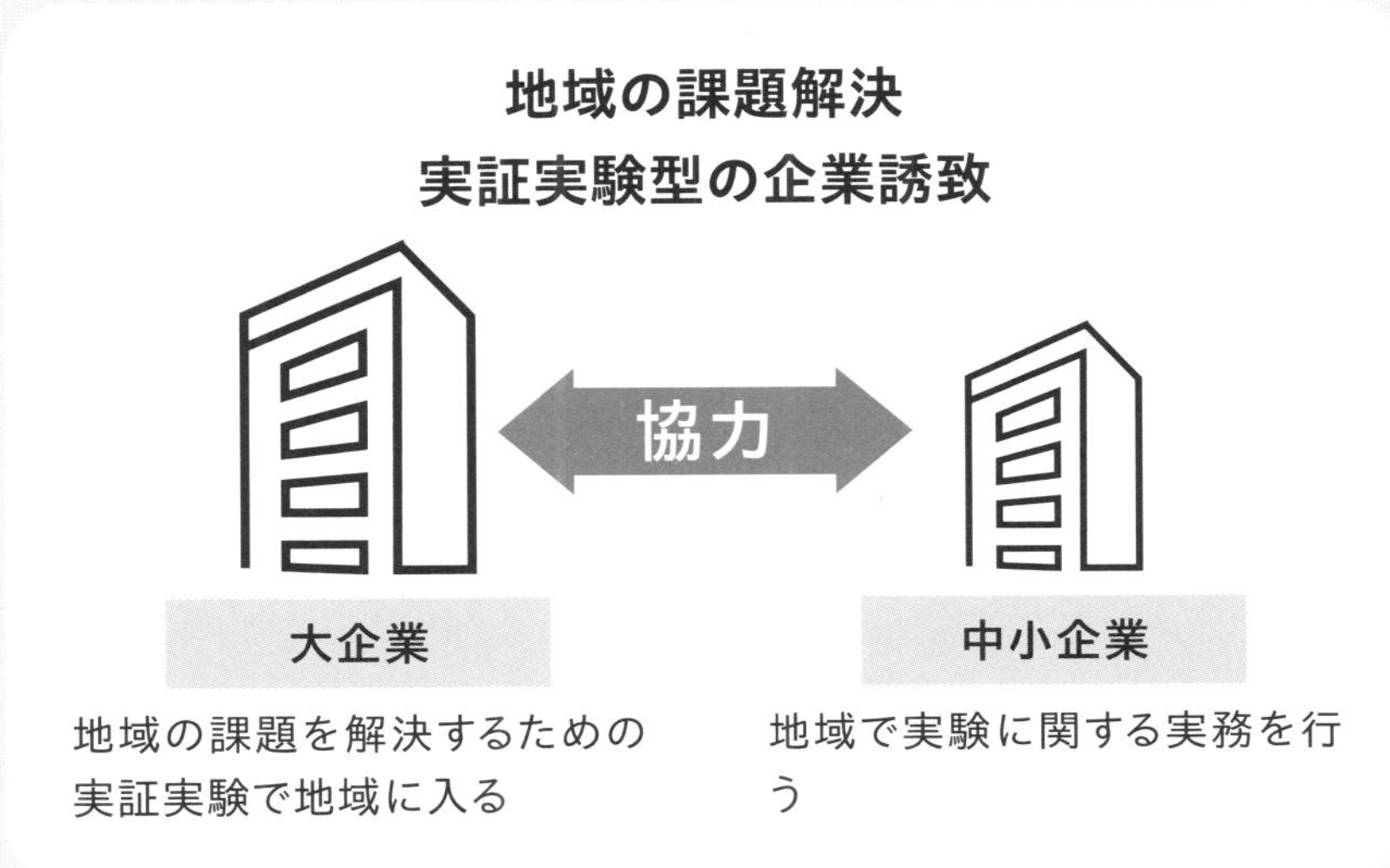
地域の課題解決
実証実験型の企業誘致
協力
大企業
地域の課題を解決するための実証実験で地域に入る
中小企業
地域で実験に関する実務を行う

解決するため、「トヨタ自動車に自動運転車を試験運行してもらう」「積水ハウスに空き家のリノベーションやまちづくりに参加してもらう」など、実証実験ベースで大手企業が地域に入り、実務は地元企業が担うケースが増えています。

自動運転車を走らせる際の運用を地元の建築業が担う。道路に自動運転車の停留所をつくりオンデマンドで運用する際に、システムを地元の製造業が受託する。以前であれば経営資源が豊富な大企業だけが担うことができた領域に、中小企業の参入余地ができています。あくまで一例ですが、こうした変化もデジタル社会になったからこそ起こったものです。商圏の垣根を越えてビジネスが展開される現在の環境では、「本業でなくとも、まず仕事を獲得し、その領域が得意な企業と組んで動く」という業界外と連携して取り組むケースが増えています。

そうしたとき、やはり「Ｚｏｏｍを使ってオンラインでコミュニケーションができる」「クラウドを使ってドキュメントや図面を共有できる」といった、デジタル社会に必要とされるビジネススキルを備えている中小企業には、ビジネスチャンスが増えることが予測されます。

見方を変えると、**デジタル社会に必要とされるビジネススキ**

デジタル人材

市場環境がデジタル社会へ変化していることを理解して、自分たちの仕事を再定義できる人

デジタル化を現場に押し付けるのでなく、現場で働くプロがデジタル人材となり、デジタル社会にチューニングしていく

ルは、おおむねそれほど高度な技術というわけではないのです。

巷では「DXにはデジタル人材が必要だからエンジニアを育てないと」とよくいわれていますが、これはミスリードです。

デジタル人材とは「市場環境がデジタル社会へ変化していることを理解して、自分たちの仕事を再定義できる人」であり、その担い手はエンジニアでなくともよいのです。各専門領域の現場で活躍しているプロたちがデジタル人材になることが、中小企業にとっては最もメリットが大きいことだと考えています。無理やりデジタル化を現場に押し付けるのではなく、**現場のプロがデジタル人材となり、自分たちの仕事をデジタル社会に対応できるようにチューニングしていく**。

特に中小企業の経営者は適応能力が非常に高い方が多く、彼らが本気になって経営改革をすれば、税理士や中小企業診断士や、ITコーディネータなど中小企業をサポートするプロたちまで含めて大きく変わっていくでしょう。

そうしたスタンスで取り組んでいけば、DXが一時の流行り言葉で廃れずに済むのではないでしょうか。

第1章

顧客体験が変わる

デジタル化によって
面倒な書類記入の工程が簡略化されたり
オンラインで接客を受けられるようになったりしました。
顧客への新しい価値提供が実現した事例を紹介します。

Digital Transformation

01

顧客体験

SNSを通じて生産者と納税者が交流し、ふるさと納税の件数増加

マーケティング

推進団体

岡山県笠岡市

ガラーン…
パンマルシェ
コロナ禍で
イベントに
人がいない

背景　市内外の人々との関係構築に十分なプロモーション活動ができていなかった

オンラインイベントで市内外と関係を構築

笠岡市は、市のイメージアップのためにシティプロモーション事業を開始。有名人を起用した施策やリアルイベントなどに取り組むも、必要な人々に十分に市の魅力を届けることができていないと感じていました。そうした状況でのコロナ禍だったため、さまざまな活動をオンラインに切り替えました。

運用にあたり、例えば、地元のインフルエンサーや学生には、**公式インスタグラム「#カサオカスケッチ」で観光スポットなどを発信してもらう**、地元農家には、VR空間内で開催されるふるさと納税PRに参加してもらう、など、地元の人々の協力を仰ぎました。

その結果、インスタグラムのフォロワー数が1年で約6倍増加し、ふるさと納税の件数が前年比の約2倍に増加するなどの成果につながりました。

成果 インスタグラムを活用して
市内外からファンを獲得し地域活性化を実現

Digital Transformation

02

顧客体験

顧客ニーズに沿ったインタラクティブな提案を実現

営業／販売・サービス

推進企業

GA technologies

背景　紙による商談・営業活動で準備に時間がかかる

タブレット導入で顧客体験をDX

不動産の商談・営業活動は、従来、紙の資料が用いられるのが一般的でした。

そこで不動産業務を取り扱うGA technologiesでは、チラシや手書きの物件広告、商談時に必要な資料をデジタル化し、営業活動にタブレットを導入しました。

それにより、顧客一人ひとりの要求に合わせたシミュレーションに基づく提案がしやすくなり、**商談中、社内データベースに即時アクセスし、その場で顧客の要望に合わせて物件の提案をアレンジできるようになりました**。

また、商談に使用する資料の印刷に約20分かかっていましたが、タブレット導入によりこのプロセスが省かれ、商談前の印刷にかかる時間がほぼなくなりました。このように、タブレットの導入が顧客と社員の双方向に好影響をもたらしました。

成果　タブレットの導入により
準備時間を減らし顧客ニーズに合った提案が可能に

Digital Transformation
03
顧客体験

オンライン完結の不動産取引で ユーザーの負担を軽減

販売・サービス

推進企業
GA technologies

契約書記入のため来社いただきたいのですが
また別の契約書にサインがいるのか
契約書

背景　取引がアナログのため顧客の負担が大きかった

どこでも進行確認、書類提出が可能に

不動産取引は依然として「営業担当者と何度も電話」「その都度メールで確認」など顧客の手間が多いといえます。

そこでGA technologiesは、**投資用不動産を求める顧客に対して、マイページを設け、すべての取引の進行状況を確認できるようにしました**。

また、取引の進行状況を確認できるだけではなく、銀行、証券では当たり前だったオンライン手続きを不動産領域で実現し、取引・契約にあたって必要な公的書類をオンラインで提出できる仕組みを構築しました。

購入後の物件管理もスマホアプリ経由でできるなど、「買う瞬間」から「買った後」まで、すべての取引と管理がオンラインで完結するため、顧客の負担が軽減され、利便性の向上につながっています。

顧客
不動産会社
投資によさそうな物件を発見!
お客様から問い合わせだ
契約書
すきま時間に書類を書いて
契約の手続きはこれで完了
不動産の店舗に直接行かなくてもスムーズに契約できた

成果 アプリによる一括管理で取引が簡易化

Digital Transformation

04

顧客体験

「不特定多数のお客様」から「一人ひとり」に寄り添う提案へ

背景 顧客の要望に合った接客ができていなかった

店舗スタッフで顧客データを共有

これまで、紳士服店は来店時の購入動機が強く、待ちの販売姿勢でした。しかし、今日の消費者行動の変化から、店舗から顧客に歩み寄る仕組みの必要性が高まってきたため、顧客に合った情報を提供できるよう、データ共有環境を強化しました。

紳士服店には、店舗スタッフが接客を通して各人で把握している顧客のワークスタイルに関する情報と、来店頻度・購買履歴に関する2種類の情報があります。

この両方をスタッフの接客端末で共有することで、スタッフの誰もが「何をいつ購入したのか」だけでなく、**「なぜ購入したのか」という背景を理解し、顧客のワークスタイルに応じた新たな商品を提案できるようになります**。また、顧客の要望や服の補正情報などの登録を、購入時に同時に行うことで、会計時間の短縮や、販売に付帯する業務軽減につながりました。

販売・サービス

推進企業

青山商事

成果 スタッフ全員が顧客に合わせた新たな商品を提案できる

店舗とオンライン双方のメリットをDXで享受可能に

店舗
悪くはないけれど自分の判断だけでは決めかねるな…
オンライン
実際にはどんな手触りなんだろう

背景　消費者の行動変化への対応

店舗とオンラインで状況に応じた情報提供

紳士服店はコロナ禍などによる消費者行動の変化で、顧客それぞれに合った情報を提供する必要性が生まれています。

そこで、同社はお客様アプリを導入し、「バーコードスキャン」と「チャット機能」を使い、店舗、オンラインストアどちらでも役立つ情報を提供しています。「バーコードスキャン」では、気になった商品のバーコードをアプリでスキャンすると、**店舗にいながらオンラインストアのレビューやスタイリング写真の情報を得ることができます**。一方、「チャット機能」では、実際の店舗に来店したときのように、販売経験豊富なスタッフに、オンライン上で質問や要望を伝えることができます。

こうした機能の導入により、顧客の状況に応じて顧客が必要としている情報を提供できるようになったことで、アプリ経由のＥＣ売上は前期比の１２５％となりました。

販売・サービス

推進企業
青山商事

成果 顧客に最適化された情報の提供で売上アップ

Digital Transformation
06
顧客体験

商品の品ぞろえを可視化し消費者の購買意欲が向上

またりんごが
売り切れてる…
もっと
置いておけば
よかった…

背景　売れ行き状況、在庫の確認ができない

「売りたい」と「買いたい」をマッチング

高知県にある道の駅大月では、直販所での売れ行き状況を、生産者や購買者が現地を訪れて目視で確認する必要がありました。そのため、午前中に出品された商品が夕方には品切れになっていることに生産者側が気づかず、販売の機会損失が生まれていました。また、品切れによる品薄なイメージが定着することで客離れが生じる可能性が高まるという課題もありました。

そこで**店舗内にカメラを設置し、野菜や鮮魚等の棚の状況をSNSで定期的に自動投稿する**ことによって、顧客と出品者の両方に対して店頭の状況を「見える化」しました。

売れ行きを可視化したことにより、生産者の出品意欲と購買者の購買意欲、両者の意欲向上につながりました。

販売・サービス

推進企業
道の駅大月

成果 生産者の出品意欲と購買者の購買意欲、
両者の意欲が向上

Digital Transformation

07

顧客体験

買い物をＤＸ！オンラインで買い物が困難な住民を救う

背景 買い物が困難な住民の救済

高齢化社会で求められるＤＸ

山形県は総人口の減少と併せて65歳以上の高齢者人口の増加が続き、全国有数の高齢県となっています。買い物に行くことも難しい日常的な生活支援を必要とする高齢者も増加するなか、山形県でホームセンターを運営するチャンピオンは、買い物が困難な住民が容易に買い物ができることを目指しました。

同社はｅコマースとＴＶ会議システムが融合した買い物支援システムを開発します。店舗に行かなくても、**自宅や集会所からタブレット端末を使って店員と対話をしながら商品を購入できるようにしました**。また、商品配達時の流通網にも着目し、地域商店の商品や山間部農家、家庭菜園などで採れた産直品を買い取り、店舗や配達先で販売するという、地域共生モデル「ローカルロジスティック」を構築しています。その結果、高齢者や要介護者への支援とＱＯＬ向上に貢献しました。

販売・サービス

推進企業

チャンピオン

こちらの商品は
いかがでしょう
いいわね

チャンピオン
ホームセンター
自宅・集会所

店側のメリット

- 外出が困難な人からも商品を購入してもらえる
- 実店舗のみでは得られない売上を獲得できる

顧客側のメリット

- 外出が困難でも生活に必要な商品を購入できる
- 家庭菜園などで採れた農作物を店に買い取ってもらえる

成果　買い物が困難な住民だけでなく
地元の農作物販売にも貢献

Digital Transformation

08

顧客体験

自動車事故後の補償に加え センサーで事故を防ぐ保険

販売・サービス

推進企業

イーデザイン損害保険

ほかの自動車保険の
ほうが保険料が
安いから
変えようかな……

背景 事故に備える新しい保険が必要

事故を未然に防ぐための保険商品開発

これまで、自動車保険は事故発生時に適用されるものでした。しかし、それだけでは顧客に満足してもらうことが難しくなってきました。そこで、事故前の走行時、走行前に注目した、事故に備える新しい保険「＆ｅ（アンディー）」という新サービスが開発されました。

具体的には、ＩｏＴセンサーを車内に設置し、**スマホと連携させることでドライバーの運転時の癖などを解析します**。そこから、安全運転へのヒントが届き、データをもとに送られてくるタスクをこなすと、ごほうびがもらえるシステムで、危険運転を改善していくことができます。

このサービスから得られた多くの運転データによって、事故が発生しやすい場所などを把握できるため、顧客満足の向上だけではなくまち全体がより暮らしやすくなると期待されます。

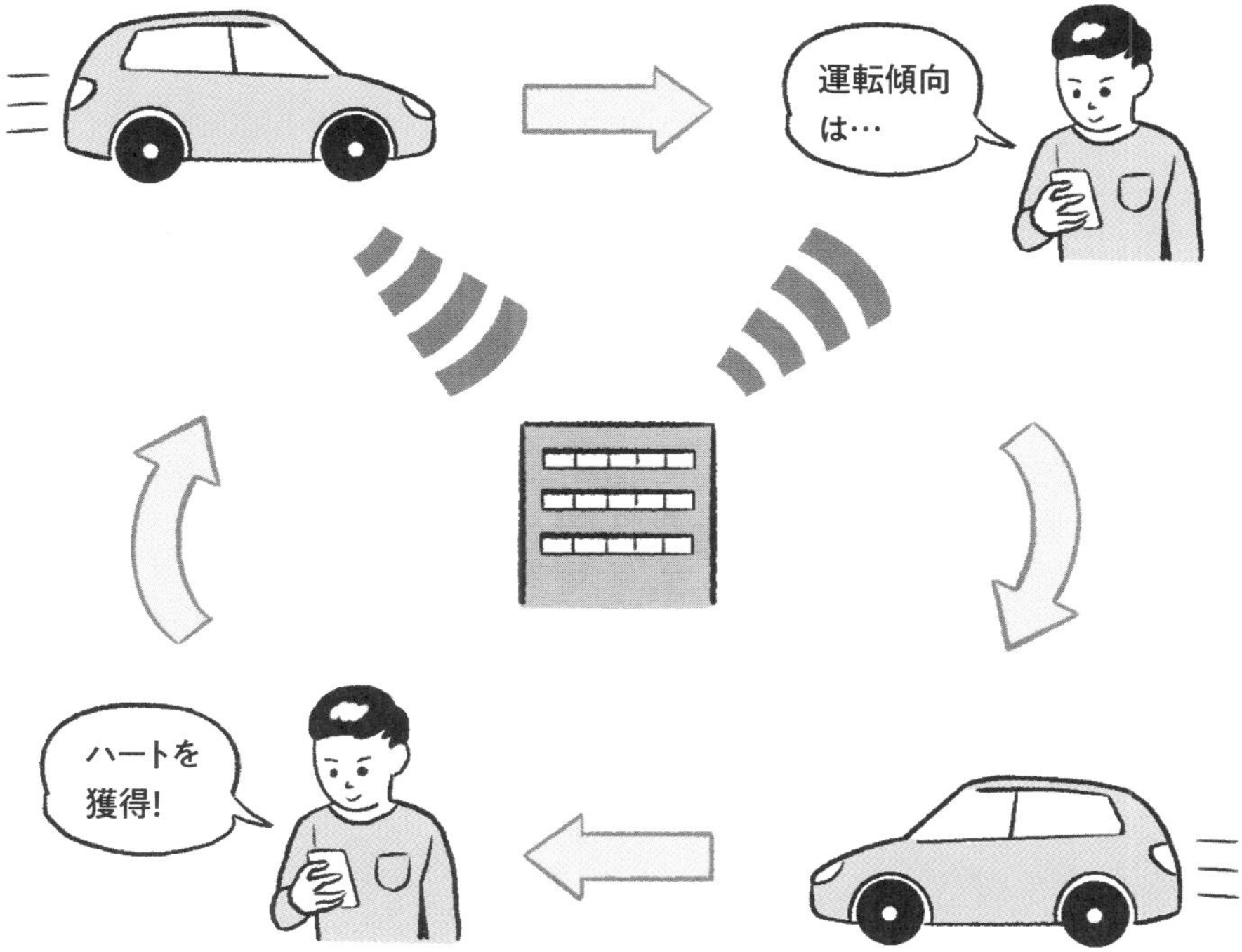

①
車とスマホの連携
IoT センサーが運転の挙動を確認、ドライバーにレポートを送る

②
安全運転の準備
ドライバーが自身の運転傾向を認知し、安全運転に努める

③
事故のない社会の実現
サービス利用者が増加することで安全運転が増えて事故が減少する

←事故に備える→（①②）　←事故を防ぐ→（③）

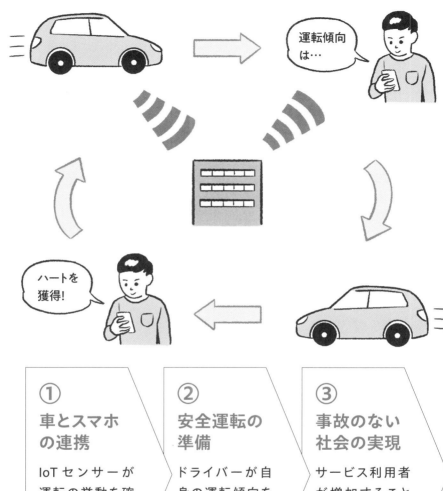

成果　運転データに基づいて新サービスを開発

Digital Transformation

09

顧客体験

3Dアバター導入で遠隔地でもリアルタイムの接客が可能に

ガラーン…
MEAT
FRESH MEAT
コロナ禍前なら
試食で売上を
伸ばせていたのに……

背景 感染症拡大により対面販売が困難

オンライン接客に特化し売上アップ

新型コロナウイルス感染症拡大の影響により、接触を避けるため、小売業では店頭における推奨販売や試食の実施が困難な状況にありました。

そこで食品メーカーのエバラ食品工業は、オンライン遠隔接客システム「バタラク」を導入しました。バタラクは、**3Dアバター（キャラクター）を操作して遠隔地の顧客とオンラインでリアルタイムにコミュニケーションが取れるシステムです。**このシステムは状況や場所を選ばず、店頭に人を派遣せずに来店客と対話することで商品認知を促すことができます。

同システムを導入した店舗では、対象商品が前年同週比で209％増の販売となりました。なかでも新商品の売上は、同システムを導入していない他店舗平均に比べ、約4倍になりました。

販売・サービス

推進企業

エバラ食品工業

前年同週比

対象商品の売上が

209% UP

他店舗比

一部対象商品の売上が

約4倍に増加

成果 非対面接客で人手不足への貢献・売上増加

Digital Transformation

10

顧客体験

インスタでの365日ライブ配信で顧客とのつながりを強化

販売・サービス

推進企業

newn

背景　顧客接点の場が少ない

ライブ配信で顧客とのつながり強化

newnが手掛ける小柄な女性に向けたアパレルブランド「COHINA」は、オンラインストアのみでの商品販売のため、顧客接点の場の拡大が課題でした。

そこで同社は、インスタグラムを活用することで課題解決を図りました。

インスタグラムでは主にライブ配信で、**ブランドのコンセプトである「小柄な女性」に向けて情報を発信しています**。ターゲットを絞って情報を発信することで、フォロワーや視聴者はすでに有望な見込み客となり売上との連動性が高くなっています。

ライブ配信は開始から毎日行っており、台本などは用意せず、各ライバーが思ったことや具体的な洋服のスタイリングを自由に発信しています。また、配信中に視聴者からの質問に答えることで直接のコミュニケーションを行っています。

その結果、インスタグラムを原動力に顧客を増やし、2021年1月には月商1億円超えを達成しました。

アパレルブランド

取り組み

- インスタグラムで毎日情報を配信
- ライバーにはターゲット層と被る女性を起用
- 配信では服の組み合わせ方などを提案

メリット

- 有望な見込み顧客を集められる

視聴者（顧客）

メリット

- イメージに合った商品の提案を自宅で受けられる
- 知りたいことをその場で質問できる

成果 顧客が必要としている情報を提供し、顧客とのつながりを強化

Digital Transformation

11

顧客体験

訪日外国人へのきめ細かい情報提供で館内利用がより便利に

販売・サービス

推進企業

下呂温泉 水明館

背景　従来のサービスでは満足のいく対応ができない

多言語対応できめ細かい対応が可能に

国内のみならず、外国人観光客からも人気の高い観光地の岐阜県下呂市。

そこで温泉宿を営む水明館では、コロナ禍前から海外からの顧客の対応のために多言語コールセンターや自動応答サービスを利用し、顧客サービスの向上を図っていましたが、情報更新や顧客の同サービスの使用頻度に苦戦していました。

そこで多言語翻訳コミュニケーションプラットフォーム「Kotozna In-room」を導入し、外国人観光客へのさらなる丁寧な案内を目指しました。

このシステムの導入により、**館内の設備情報や近隣の観光地、コンビニなどの多岐にわたる情報の提供が、顧客自身のスマホ上で可能になりました。**

また、チャット機能を利用し、ルームサービスや貸し出し備品のリクエストにも細かく対応できるようになりました。結果、外国人観光客のみならず、日本人観光客の満足度の向上にもつながっています。

プラットフォームで得られる情報

館内の情報

・館内の設備
・館内グルメ
・大浴場の空き状況
・レストランの空き状況
・チャット機能(ルームサービスや貸し出し備品のリクエスト)

旅館の周辺情報

・近隣のイベント
・近隣の観光地
・コンビニの位置
・ドラッグストアの位置

成果 顧客へのきめ細かい対応が可能になった

Digital Transformation

12

顧客体験

オンライン診療で家での受診が可能に

薬は郵送で処方しますね
ありがとうございます

成果　オンライン診断で業務の効率化

医療業界におけるオンライン、クラウド化

2018年3月にオンライン診療が解禁されましたが、医療業界は依然としてIT化、クラウド化が遅れていました。そのような非効率な業務改善のために医療法人正幸会はデジタル&クラウド化に踏み切りました。

そこでクラウド型オンライン診療システムCLINICSを導入し、患者の医療体験向上を図りました。導入により、**家からパソコンやスマホでの受診が可能となり、待ち時間なしで薬を郵送で受け取ることができます**。また支払いも現金ではなくオンライン決済ができるなどの利点もあります。

コロナ禍においては、病院に直接来院する患者は減る一方で、オンライン診療の回数は急増しました。コロナが落ち着いた後も、その利便性からオンライン診療が定着し、より効率的に診断をすることが可能となりました。

経営企画

推進企業

医療法人正幸会

Digital Transformation

13

顧客体験

Web接客での丁寧な対応を自社の強みに

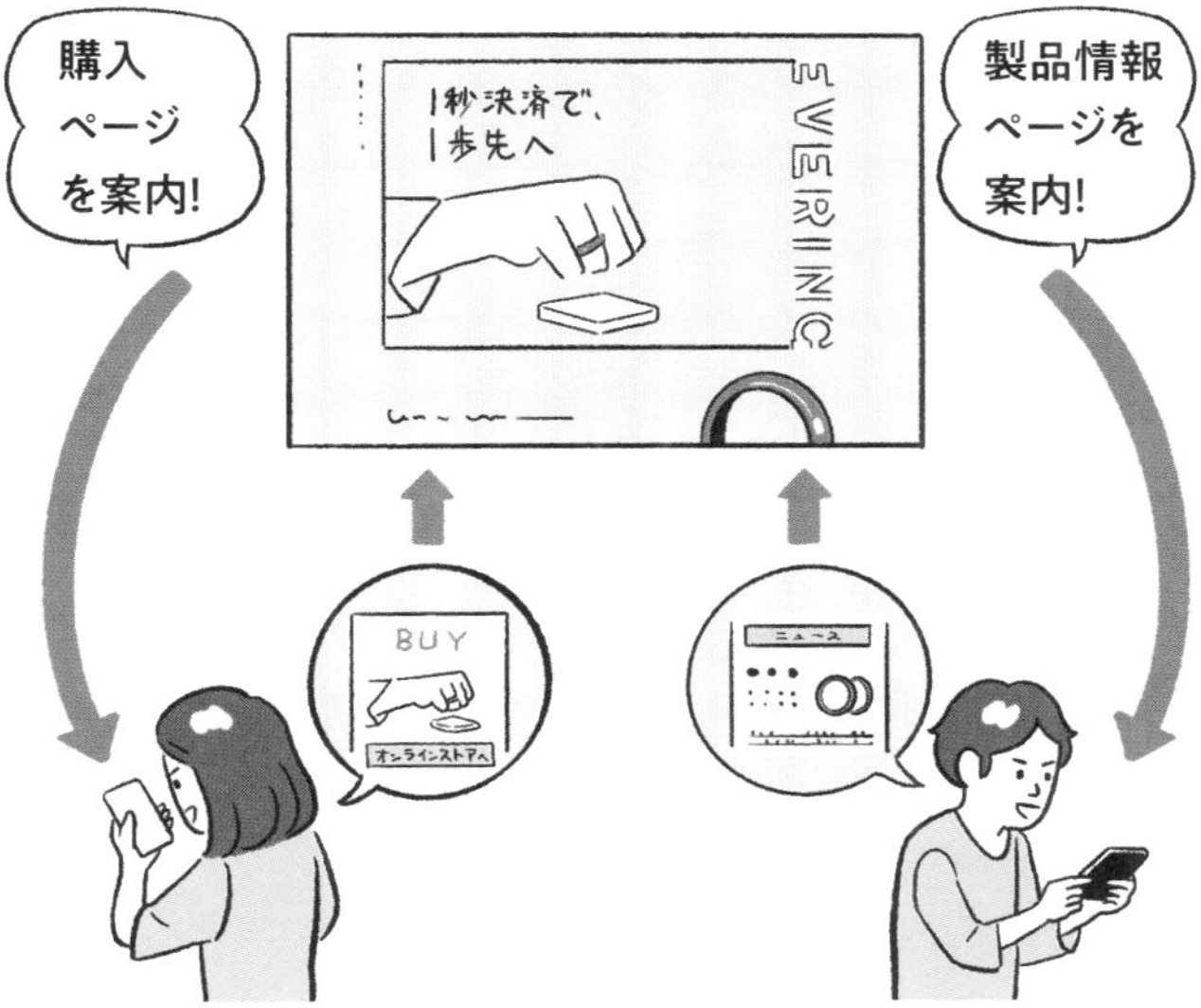

成果 顧客ごとのニーズに合った情報提供が可能になり、クリック率がアップ

流入経路に合わせた情報提供を行う

プリペイド型スマートリングを販売するEVERINGのサイトには、商品紹介のニュースやWeb広告など、さまざまな経路から訪れる顧客がいます。そうした状況で経路ごとの顧客に合った接客ができないという課題がありました。

そこで、同社はサイトを訪問したユーザーに合ったWeb接客を行うツール「Flipdesk」を導入しました。同ツールはサイト訪問者を分析し、バナーやチャットを使い、**ユーザーの目的に合わせてリンク先を提案することで、顧客に合ったWeb上の接客を実現します**。

このツールの導入によって、流通経路ごとの顧客のニーズに沿った情報発信ができるようになり、サイト訪問者の直帰率、滞在時間が大幅に改善されました。

販売・サービス／マーケティング

推進企業
EVERING

Digital Transformation

14

顧客体験

Web接客導入で問い合わせやクレームの数が約3割減少

もう少し
待ってみよう
△△は
入荷待ちの商品です

成果 情報を届けたい人に発信し
問い合わせの対応を事前に減らす

売り切れによるクレームを防ぐ情報提供

ユーザーが本人の情報を利用されることを許諾することを「オプトイン」、拒否することを「オプトアウト」といいます。研究用科学機器や医療・介護用品などを取り扱うECサイト「AXEL」を運営するアズワンでは、以前から顧客にステップメールや定期的なメールマガジンを送付していましたが、オプトイン率は30％と低く、残りの70％には情報が届かない状態でした。そこで、オプトイン・オプトアウトにかかわらず情報提供ができるWeb接客システム「Flipdesk」を導入しました。

コロナ禍初期、医療や介護に必要な商品はすぐに売り切れ、入荷待ちが続き、問い合わせやクレームが届き、対応に追われる恐れがありました。そのため同社は、**納期未定や到着の遅れを知らせるポップアップを出しました**。その結果、問い合わせやクレームを約30～35％減少させることができました。

販売・サービス／マーケティング

推進企業

アズワン

Digital Transformation

15

顧客体験

紙からの脱却！高校生の就活をフレキシブルにした就職指導DX

オペレーション

推進企業
スタジアム

スキャン
企業情報
Company
PDF
授業の準備をじっくりできる!
企業の求人を簡単に見られる

成果 高校生が複数の企業を比較し検討して就職先を選べる

Webサービスで教員と生徒にメリット

高卒の人が最初に就職した会社に対して持つ印象はそれほどよくない場合が多く、10段階評価で0点を付ける人の割合は24％とかなり大きい数字です。その原因として、高校生は就活の際、会社情報をうまく獲得できずに、1社のみ検討して入社するということが挙げられます。

そこで、システムの企画、開発を行うスタジアムが主導となり、高校生のための就活支援クラウド型サービスを導入しました。これにより、学校にある複合機で求人情報をPDF化しクラウドに預ければ、それまで手作業で教員が行っていた求人票の仕分け作業が省かれ、**教員用の一覧表の作成や、生徒がスマホで見るための管理的なWebサービスが構築されます**。

その結果、生徒はより多くの企業を比較検討することができ、教員も就活指導にかかる時間を約8割軽減できました。

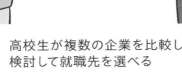

Digital Transformation

16

顧客体験

アプリ開発でその日、その場所、その時間から解放されるお葬式

オペレーション／販売・サービス

推進企業

つばさ公益社

成果　顧客情報を一度入力すると
葬儀日程表や各種手配が自動で行われる

コロナ禍をきっかけにお葬式の方法が変化

葬儀場を運営するつばさ公益社では、受注書や日程表などに顧客情報を何度も転記しなければならないことが問題でした。その問題を解決するため、自社アプリを開発しました。

このアプリは、顧客情報を入力すると自動でＬＩＮＥに通知が届きます。そこから**必要な情報だけ抜き取って火葬予約を簡単に行うことができます**。それと同時に、Ｇｏｏｇｌｅカレンダーに葬儀や告別式などの日程が自動登録されます。社内の基幹システムと連携しており、そこから生花店などに発注することができます。さらに、葬儀の日程表が自動生成されると、遠方からの参加者が香典やお花を手配できる「オンライン弔問」情報（ＱＲコード）も自動生成され、オンライン上で簡単に葬儀に参加することができるようになりました。

第 2 章

組織・文化

が変わる

デジタルツールを活用して
新しい働き方に触れた結果、
社員の意識が向上することがあります。
ここでは、社内の文化や風土が変化した事例を紹介します。

Digital Transformation

17

組織・文化

営業プロセスの見える化で「売れる営業」の方法を共有

背景 属人化により営業ノウハウが社内で共有されていない

営業プロセスの共有による2つの効果

ウチダレックでは、社員ごとに営業活動が異なり、売れる方法が社内で共有されていませんでした。そこで、顧客管理システムSalesforceを導入。システムに情報を集約することで営業プロセスを可視化しました。**各社員が持っている「売れる営業」の方法を社内全体で共有することで、ほかの社員のさまざまな営業方法を知ることができるようになりました**。また、売れるまでの過程も見えるので、社内の成功事例を各自の営業プロセスに取り入れやすくなりました。その結果、営業の属人化を解消することに成功。また、売上アップだけではなく、社員の成長を促すために、歩合給を廃止し、売れる仕組みをつくった社員を高く評価するようにしました。

これらの結果、大幅に業務が改善され、1人あたりの営業利益が250%に上がりました。

全社／管理／人事

推進企業

ウチダレック

成果　営業プロセスの「見える化」で
社員も成長、売上もアップ

Digital Transformation

18

組織・文化

IoT機器活用の遠隔OJTでスキル習得倍速。採用力も強化

オペレーション

推進企業

大鎌電気

背景　人材を確保できる自社の優位性が足りなかった

IoT導入で多くの新卒採用に成功

最近、人手不足が各企業で大きな問題となっています。学生は企業を選ぶ基準として、各社の「違い」を注視します。そこで、大鎌電気ではリアルタイム映像伝送システムVistaFinder Mxを導入し、他社との「違い」を明示しました。

これは、**遠隔地から作業場の映像をリアルタイムで確認できるうえに、作業者に指示を出すこともできるIoTデバイスです**。遠隔地にいる熟練者と現場にいる若手作業員がこの機能でつながることで、経験の浅い若手作業員がひとりで現場に行っても、熟練者の指示を受けながら作業を進められます。一方、熟練者は若手教育に費やす時間を減らせます。

ＩｏＴデバイスの導入後、「会社のＩｏＴ化が入社のきっかけとなった」と答えた新入社員の割合は9人中7人もおり、ＩｏＴ導入が新人の採用と技術向上によい影響を与えました。

スマートグラスの導入

・スマートグラスで撮った作業場の映像をリアルタイムで確認できる
・確認した映像をもとに遠隔地から現場へ指導できる

熟練作業員

遠隔地から指導できるため、教育の負担が軽減された

新入社員

指導を受けやすい環境に惹かれた人が入社を希望するようになった

成果 人材採用につながる労働環境の変革を実現

Digital Transformation

19

組織・文化

「職人の技」をアプリで伝える人材育成・技術伝承

背景 人手不足に伴う技術伝承の停滞

技術を撮影してアプリ上で共有する

建設業界は深刻な人手不足に伴い、後世へ技術を伝承できないという課題を抱えています。KMユナイテッドは技術伝承アプリ「技ログ」でこの問題の解決を図りました。

同アプリは、**ベテラン技術者が伝えたい技術を未経験者が動画を見て学ぶことで人材育成を図るというものです**。作業項目ごとにベテランの技を撮影し、動きのポイントや注意点に編集を加えた、誰にでも理解しやすい動画を見ることができます。

ベテラン技術者のみが持つ、一流の暗黙知をデジタルの力で形式知化でき、世代による技術の断絶を防いでいます。現在この取り組みは、建設業界にとどまらず、農業、水産業、製造業など、アプリ内に複数業界の動画が集まっており、海外からの視聴アクセスもあります。

生産・製造

推進企業

KMユナイテッド

成果 職人の技術やノウハウを
資産として伝承できるようになった

技術伝承のシステム化でセルフラーニングを実現

背景　エンジニア育成のための教育の仕組みが確立していなかった

生産・製造

推進企業
樋口製作所

独自の教育コンテンツを開発

優れたエンジニアを教育するには時間と労力がかかります。樋口製作所は技術自体の専門性が高いため社外からの教育コンテンツの購入・活用ができず、「人材育成」と「技術伝承」が課題となっていました。その課題を解決するために独自の教育コンテンツの開発・制作を自社内で行いシステム化・クラウド化を行いました。

ITエンジニア、教材制作経験者とコミュニケーションを取ることができるデジタル人材「ブリッジエンジニア」を社内で育成し、「ヒグトレ」というシステムを開発しました。**同システムは152本の教育動画の視聴や理解度テストが行えるほか、各社員それぞれのスキルマップも確認することができます。**

若手エンジニアの学習にかける時間は約5倍に増加し、スキルを底上げできたため、スキル不足のために費やしていた業務時間を本来のクリエイティブな業務に充当でき、業務効率も改善することができました。

動画による教育

152本の教育動画で専門性の高い技術を解説する

知識の定着

理解度テストによって、動画で学んだ知識や内容の理解を深める

スキル管理

スキルマップで社員のスキルを管理できる

多言語対応

日本語以外の言語対応によって外国人人材の発掘を行える

成果 学習環境が整いスキルの底上げに成功

Digital Transformation

21

組織・文化

新人とベテランのスキルの差を可視化・評価し育成支援

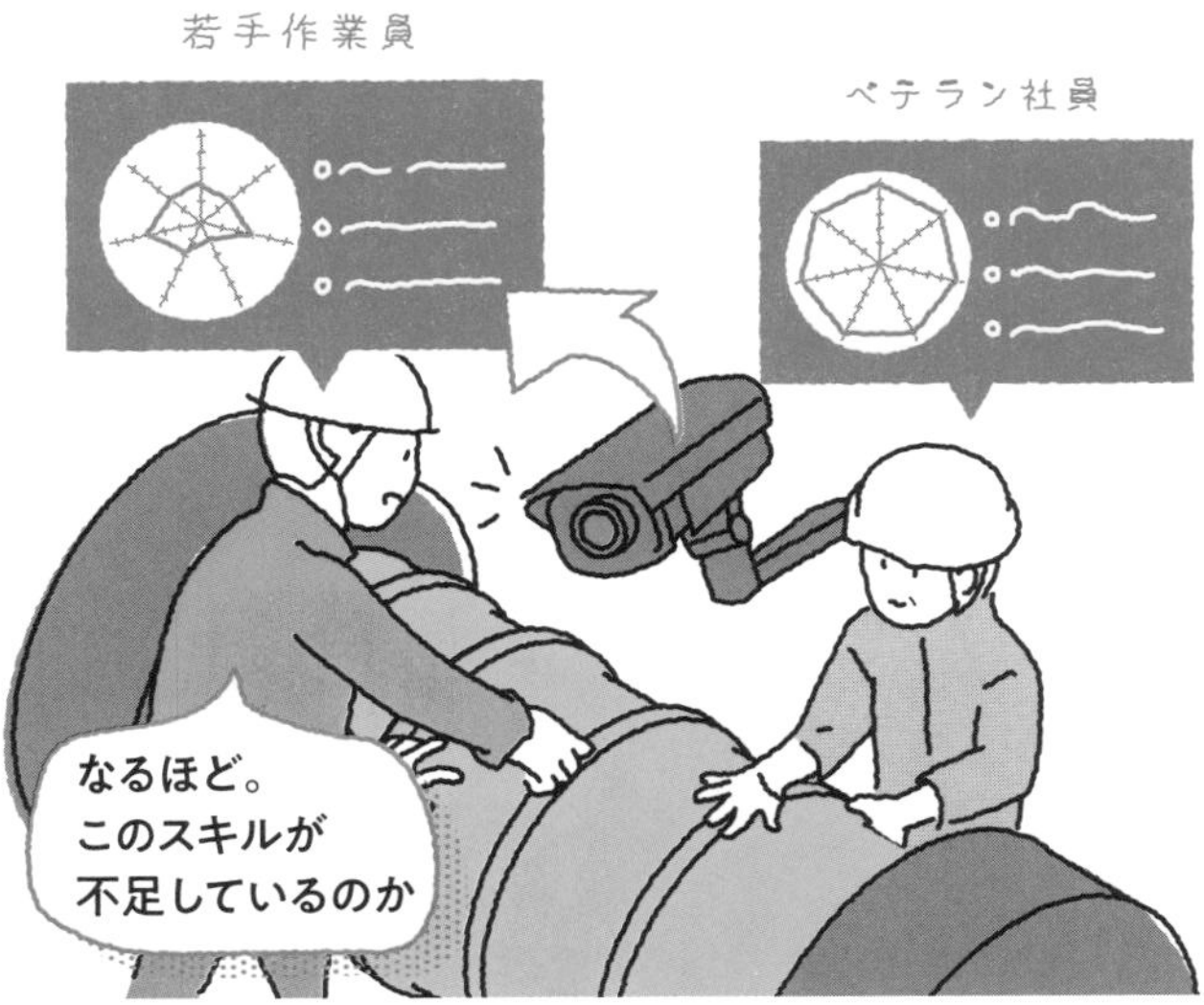
若手作業員
ベテラン社員
なるほど。
このスキルが
不足しているのか

成果　新人の技能レベルが可視化でき効率的にスキルを習得できる

自社で「技能伝承システム」を開発

航空機用タイヤや建設・鉱山車用タイヤは一般的な乗用車用のタイヤに比べ、成形作業などの製造に高度な熟練のスキルが求められます。タイヤメーカーのブリヂストンでは、この熟練の技を確実に伝承していくことが課題でした。

そこで同社は、ハイスピードカメラをはじめとする計測機器を扱うノビテックの協力を得て、**デジタルを活用した技能伝承システムを開発し、新人技能員の技能訓練に活用しています**。

同システムは新人の成形作業の動きをモーションカメラや慣性・圧力センサーで計測し、熟練技能員との差を作業ステップごとに可視化、評価します。低評価のステップは繰り返し訓練することで、効率的に技能を習得することができるようになりました。

生産・製造

推進企業

ブリヂストン

Digital Transformation

22

組織・文化

介護現場の〝しくじり〟を公開するオンライン勉強会

この方法なら
よいかも
データ
データ
B社
A社
○○の
アプリは
こう使うと
よさそう!
このアプリは
現場で
使いづらいな

成果 失敗事例と解決策を他社と共有し業界のデジタル化が進む

〝しくじり〟を共有しデジタル導入を進める

秋田県は人口減少による人手不足、労働力の減少という問題に直面しています。秋田県で介護事業を運営する、あきた創生マネジメントは、よりよい介護を実現するため、デジタルツールを活用しています。さらに、導入時や利用中の〝しくじり〟とその解決策、そこから得た学びを、LINE WORKSを使って自社以外の企業とも共有する取り組みを行って、秋田県内企業のDX推進の後押しに一役かっています。

例えば、「チャットアプリの導入時、パソコン操作に不慣れな人などがいたことで、選定したチャットアプリが思い通りに活用できなかった」という失敗談と、**それをどう解決したのか、実際に取り組んだ解決策を共有します**。こうした失敗と解決策の県内同業他社への共有が、デジタルツール選定の視点やスムーズな導入のためのノウハウの共有につながっています。

開発

推進企業
あきた創生マネジメント

Digital Transformation

23

組織・文化

教育制度の整備と組織変革による デジタル人材育成のシステム

管理／人事

推進企業

中外製薬

成果　社員にスキル獲得の方向性を示し、挑戦を促す

スキルの学習からポジション提案まで実現

国の薬剤費抑制の加速や科学技術・デジタル化の進歩により、さらに競争が激化している製薬業界。製薬大手の中外製薬は、この激化する業界で一番手になるには人材が重要と考えました。そこで同社は役割成果主義を軸とした人事制度を導入し、キャリアの可視化のためのシステムを構築。社員のキャリアプラン実現の支援を行っています。

また、社員各々が能力やスキルを高めるにはどうすればよいのかという課題が出てきており、この課題解決のため、キャリア実現のためのラーニングプラットフォーム「I Learning」を導入し、**社員自身の現在のスキルを可視化、併せて、さらに成長するためのスキル獲得の方向性を示しました**。また、社員のキャリア志向に応じてパーソナライズされたポジション提案を行うなど、社員が挑戦するためのサポートも行っています。

Digital Transformation

24

組織・文化

副業人材とのコラボレーションで広報DXを実現

開発

推進団体

兵庫県神戸市

SNSなどでの広報業務

・動画の撮影・編集
・SNS 掲載記事の制作
・広告用バナーデザイン
などを発注

メリット
副業人材との連携により刺激を受ける
市職員
副業人材
メリット
新しい雇用が生まれる

成果 広報業務の高度化と職員の意識向上

副業人材を雇用し市をPR

神戸市役所はかつて広報業務を市職員が行っていました。しかし、行政サービスは多様化・複雑化し、求められる変化のスピードも速くなり、職員だけでは対応できない時代になっています。

そこで**広報の専門スキルを持った副業人材に任せることにしました**。広報業務は「広報用動画の撮影・編集」「市公式SNS掲載記事の制作」「ポスター及びSNS広告用バナーデザインの制作」「広報誌連載記録記事の制作」など多岐にわたりますが、リモートワークが可能な案件では東京を含めた遠方に住む人材も活用しています。

専門スキルを持った人材を活用することで広報業務の高度化と、外部人材交流による職員の意識向上が実現できました。

Digital Transformation

25

組織・文化

21個のITシステムを導入してDX推進体制の強化と価値創造

全社／経営企画

推進企業

フジワラテクノアート

データ活用でデジタル人材増加

醸造食品の醸造機械などを製造するフジワラテクノアートでは、情報伝達は主に紙ベースで行われていました。しかし、安全管理が不十分であることや、アクセス権限を細かく設定できないといった問題がありました。そこで、社員とともに現場の課題を洗い出し、ITツール・システムを導入します。

上層部の指示のもと導入されたシステムですが、社員に浸透していくと、各現場から新しいシステム導入のアイデアが出るようになりました。その結果、3年で21個のITツール・システムを活用するに至っています。**社内全体でデジタルの構想を試行錯誤しながら、営業や設計などさまざまな部署でITツール・システムを導入しました**。そのため、各現場でデジタルの必要性が理解されるようになり、デジタル人材の育成や増加につながっています。

技術部（設計）

図面・技術文書管理システムの導入

導入前

技術部のみが図面データにアクセス可能であり、図面検索に時間がかかっていた

導入後

セキュリティの確保で他部門からの図面検索が可能となり、同時に検索時間が短縮した

全社／協力会社

情報セキュリティ対策の導入

導入前

場当たり的なセキュリティ対策のみで、協力会社とのセキュリティの協力体制がない

導入後

セキュリティ協力体制が確立し、協力会社からの信頼が向上した

成果 情報の安全性の確保とデジタル人材の育成・増加

第3章

情報共有・意思決定が変わる

正しい経営判断は、きめ細かなデータの収集とその分析、
そして社内での迅速な
情報共有によってもたらされます。
DXによって情報共有・意思決定のプロセスが
変化した事例を紹介します。

Digital Transformation

26

情報共有・意思決定

データが共通言語になり理解もアクションも迅速に

全社／経営企画

推進企業

グッデイ

この時期はいつも
売れるから多めに
仕入れるか

背景　勘や経験則に頼った意思決定

勘と経験則に頼った経営からの脱却

ホームセンターを展開するグッデイは、かつて作業を紙ベースで行っており、現場の勘や経験則に頼った施策が中心で業績が伸び悩んでいました。そこで、打開策として、社内の情報共有とデータ活用に着手しました。

まず、**情報共有ツールに「Google Workspace」を導入**。会議資料やカレンダーの共有などが受け入れられ、ペーパーレス化によって無駄をなくすことに成功しました。次に「Tableau」を活用し、売上のリアルタイム分析や季節商品の売上予測などをグラフで可視化しました。

情報を数値化、可視化することで共通認識が容易になると同時に、スタッフ間のコミュニケーションが取りやすくなり、データに基づいた施策の実行ができるようになりました。

成果　データに基づいた施策の実行が可能に

Digital Transformation

27

情報共有・意思決定

自販機1台ごとにデータを収集して品ぞろえを調整

自動販売機の設置台数の推移

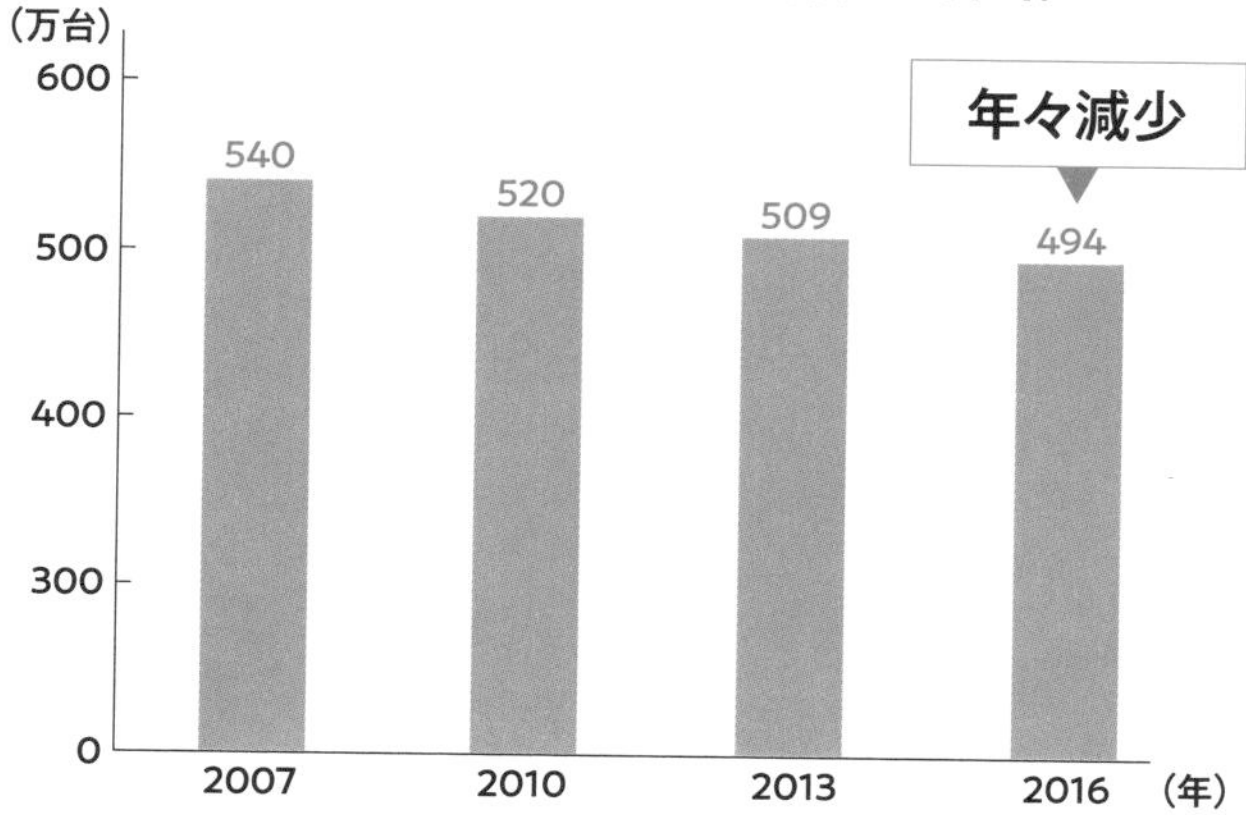

出所：一般社団法人日本自動販売機工業会「自販機普及台数及び年間自販金額　2016年（平成28年）版」

背景　自販機の収益性低下

品ぞろえや欠品の補充を効率化

自販機での飲料の販売数量は、２００７年をピークに年々減少しており、２０２０年は新型コロナウイルス感染症拡大の影響もあり大幅に落ち込んでいました。サントリー食品インターナショナルも自販機の収益性低下が課題となっていました。

そこで同社は、「ＡＩコラミング」を導入し、置けば売れる自販機の設置台数の拡大から、１台あたりの収益性を高める戦略にシフトしました。ＡＩコラミングは、**AIや無線を活用して在庫や販売動向の管理をします**。これにより自販機の欠品を減らし、オペレーションのルートを最適化することで業務が効率化されました。将来的には自販機ごとに異なる顧客の飲みたい気持ちに寄り添ったロケーション別の品ぞろえや、顧客が飲みたいときに品切れなく確実に商品を購入できる適正在庫配置の実現を目指しています。

販売・サービス

推進企業

サントリー食品
インターナショナル

成果 オペレーションルートの最適化で
欠品が減り機会損失を防ぐ

Digital Transformation

28

情報共有・意思決定

AI搭載の冷蔵ショーケースで購買情報や発注時期を把握

背景 欠品を一つひとつ確認しなければならず、時間がかかる

AIでチャンスロスをいち早く発見

これまで、同社が運営するスーパーマーケットでは、膨大な陳列商品のなかから、従業員が目視で欠品を確認していたため、見落としや欠品が続くチャンスロスが発生していました。そこで、ＡＩカメラとＡＩ冷蔵ショーケースを導入し、欠品を確実かつ容易に確認できるようにしました。

ＡＩ冷蔵ショーケースでは、**AIカメラから画像データを取得し、それをもとに欠品情報を数値化します**。欠品がいつ発生したのかを確認でき、従業員が商品を発注するタイミングで、チャンスロスの判定が出た商品をＬＥＤの点灯で知らせることで、日本語が不得意な外国人の従業員でも視覚的に理解できるため作業しやすくなりました。チャンスロスが発生した時期と商品を特定しやすくなったため、発注量の調整を行い、適正な在庫管理によって売上を伸ばすことができました。

販売・サービス

推進企業

トライアルホールディングス

成果　簡単に欠品の確認ができ、
発注の調整がしやすくなった

Digital Transformation

29

情報共有・意思決定

協力会社とのやり取りをクラウドでの情報共有へ変革

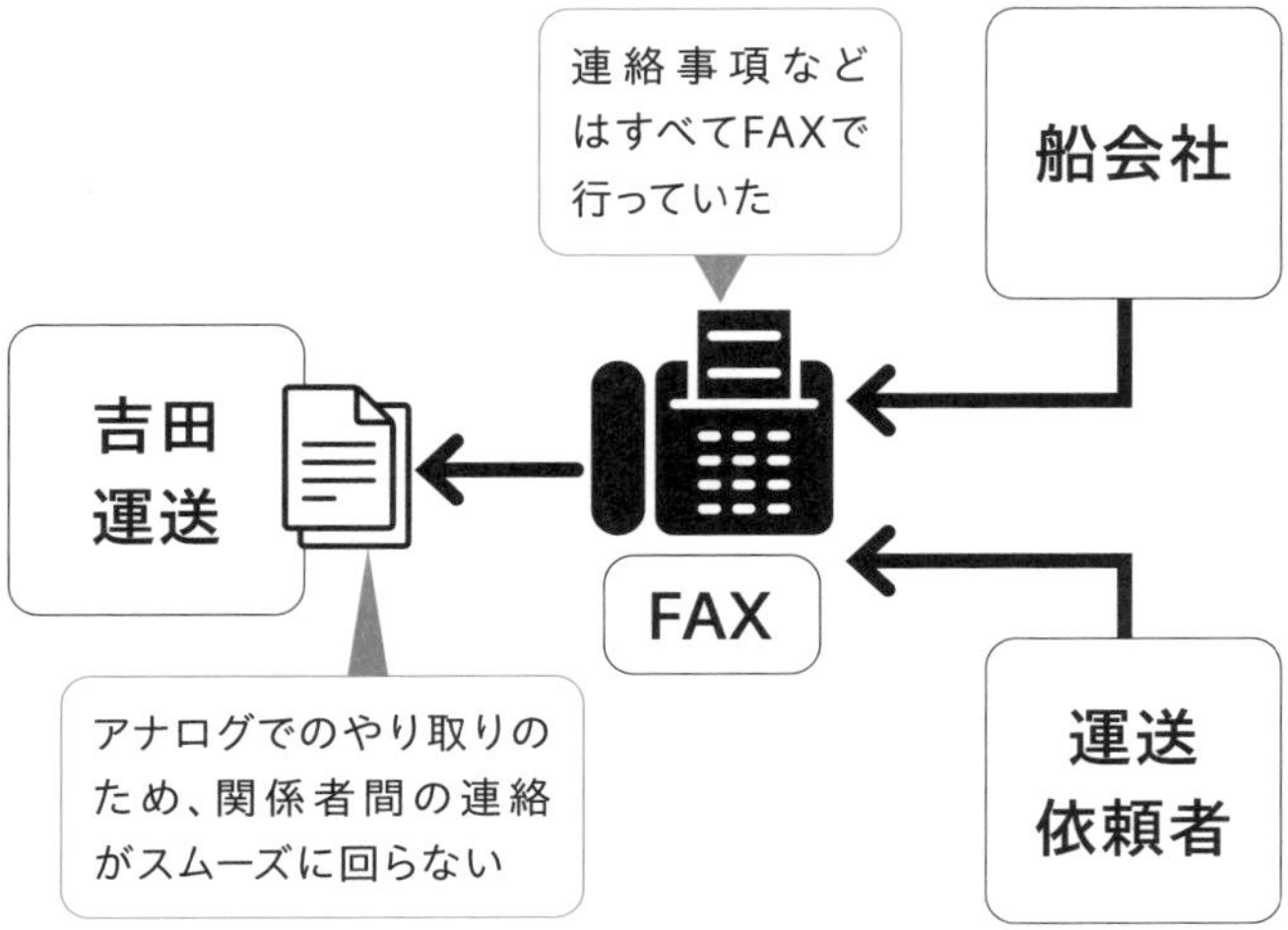

連絡事項などはすべてFAXで行っていた
船会社
吉田運送
FAX
運送依頼者
アナログでのやり取りのため、関係者間の連絡がスムーズに回らない

背景 アナログな手法での協力会社との連絡

お金をかけないDXで業務効率化を図る

吉田運送は、低コストで効率的な情報共有を図るためにクラウドシステムを導入し、こうしたツールの導入は社外にも及びました。例えば、船会社や運送依頼者の荷主、コンテナラウンドユース（荷下ろし後の中身が空になったコンテナを継続して利用すること）で陸送を担当する運送会社との連絡手段を、FAXから「Googleスプレッドシート」「Googleフォーム」に変更しました。使い方の複雑なツールであれば協力会社が活用したがらないことが懸念されますが、**Googleフォームでは簡易的な入力画面を作成できるため、すべての協力会社が利用できました**。港湾事業社との連携が効率化した結果、コンテナの輸出入時間を年間264時間削減できました。また、トラック輸送で年間2640時間の削減に成功し、業界全体の業務効率化に貢献しています。

オペレーション

推進企業

吉田運送

顧客体験
組織・文化
情報共有・意思決定
働き方
従業員体験
ビジネスモデル
業務プロセス
地域

成果 「Google スプレッドシート」と「Google フォーム」で
労働時間の短縮や働き方改革の実現

Digital Transformation

30

情報共有・意思決定

コンテナの使い方を見直し コスト削減、業務効率化

無駄な運送をやめ、効率よく荷物を運ぶ

物流業界の非効率的な物流、長時間労働の現状を変えるため、吉田運送はコンテナラウンドユースの活用を行いました。輸出入の拠点で、輸入し終わったコンテナを輸出用に、輸出し終わったコンテナを輸入用に代えて運ぶことにしました。

その運用に使ったのが、Ｇｏｏｇｌｅの無料クラウドサービスです。**積荷場所、目的地といったデータをＧｏｏｇｌｅマイマップで地図上に示し、コンテナの動きを可視化させました。**

また、ドライバーと事務オペレーター間の伝票のやり取りにＧｏｏｇｌｅドキュメントやＧｏｏｇｌｅ翻訳を活用して効率化を進めました。その結果、年間７９２時間の事務作業の削減に成功。また、無駄な運送を減らしたことでコストやCO_2の削減にも成功しました。

オペレーション

推進企業

吉田運送

従業員の労働問題

アナログで業務を行っている

▼

非効率な物流が改善しない

▼

従業員の長時間労働

▼

常態化

背景 従業員の長時間労働が常態化

成果　Google の無料クラウドサービスで
従業員の労働時間の大幅な削減と港の混雑緩和

Digital Transformation

31

情報共有・意思決定

従業員の心と時間の負担を軽減する需要予測

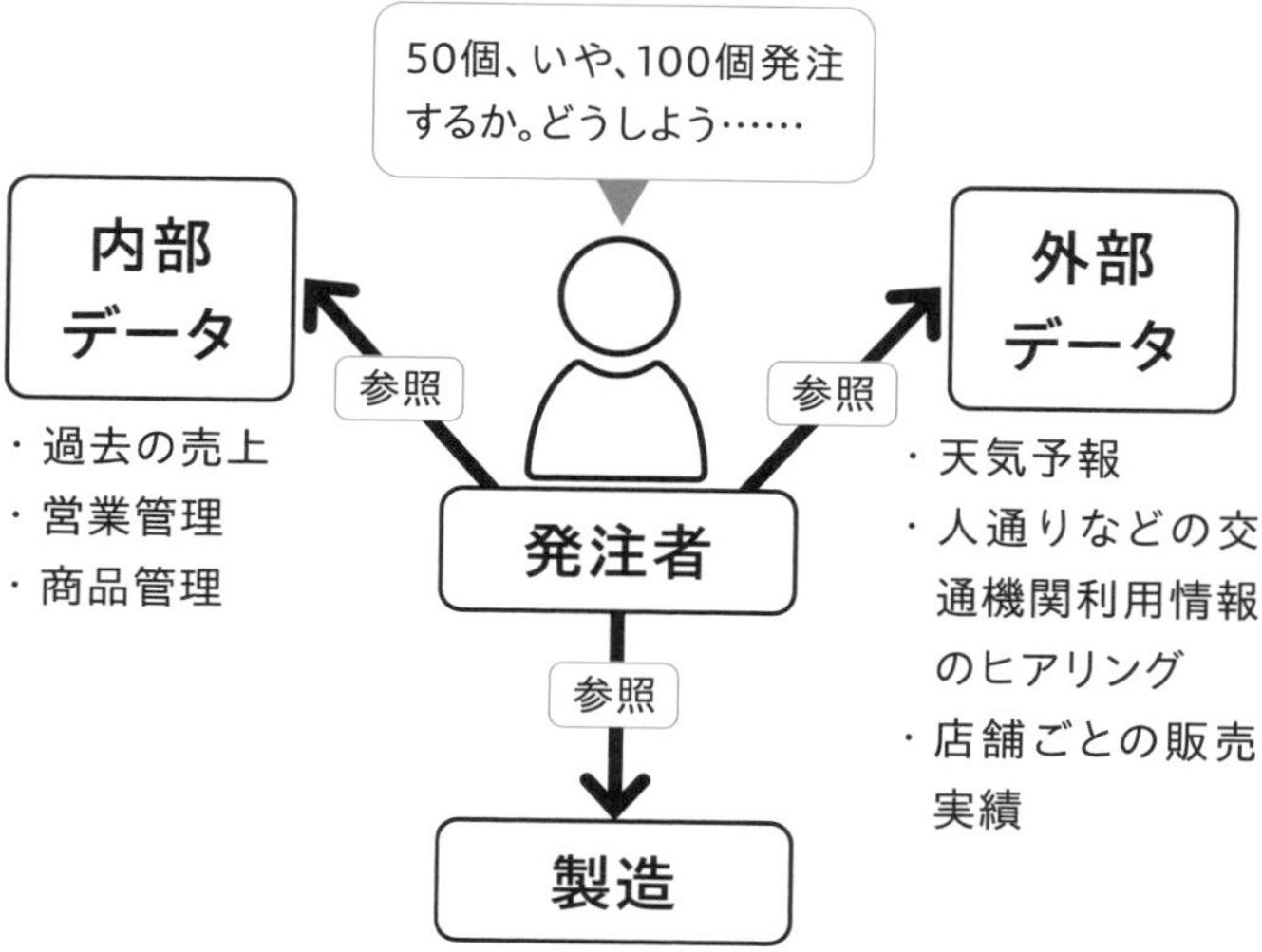

背景 発注作業をする担当者の心理的負担がある

現場担当者の負担を軽減

これまで自社が提供する商品やサービスが、どの程度求められるか、需要を予測するために、過去の売上などの情報、当日の天気予報、人通りや交通機関利用情報のヒアリングなど、現場担当者があらゆる情報を調べて行っていました。

需要予測をできるだけ正確に行うことで、機会損失や過剰在庫を抱えるリスクと、それに伴って発生するコストを減らせます。しかし、コロナ禍で商品やサービスの需要予測が困難になり、需要予測に基づく発注業務が担当者の心理的な負担となっていました。

そこでAIを駆使した発注支援システムMINAを導入しました。需要予測の際に必要な情報を発注支援システムにインプットすることで予測値が出され、**発注数を決める作業時間と心理的負担が軽減されます。**

購買・調達

推進企業

源／コストサイエンス

また、データサイエンスに基づいてＡＩが需要を予測するため、機会損失や過剰在庫が低減されました。

売上予測に沿って
6個発注っと
データをもとに
AIが需要を予測
・過去の売上
・天気
・交通情報

MINA導入後の発注作業の工程

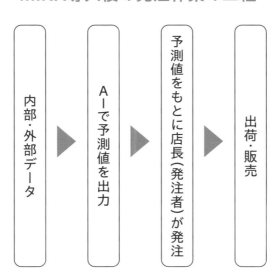

内部・外部データ ▶ AIで予測値を出力 ▶ 予測値をもとに店長(発注者)が発注 ▶ 出荷・販売

成果 難解な需要予測をAIが行い、発注担当者の負担を軽減しロスも減らす

日報作成をアプリに置き換え、幅広い業務を改善

背景　トラブル時に必要な情報を探すのに手間がかかる

日報管理のデジタル化で手間を解消

市場が複雑化して仕事のスピード感が増していくなか、サンコー技研では業務効率化や生産性向上が課題となっていました。大きな理由として、工場における現場の作業日報が手書きであったことが挙げられます。トラブルが生じた際などは、日報をひとつずつ確認して、過去の情報を探さなければならないという大変な手間が生じていました。

そこで同社は、工場の作業日報を付けるだけのスマホアプリを大阪のＩＴ企業と共同で開発しました。共同開発パートナー企業の選定には大阪府ＩｏＴ推進ラボが運営する「ＩｏＴマッチング」を活用しました。

日報作成をアプリでの入力に置き換えた結果、**記録業務の手間削減や工程ごとの正確な時間管理ができるなど、幅広い業務改善が実現できました。**

生産・製造

推進企業
サンコー技研

5/26
5/27
この作業が
遅れているな

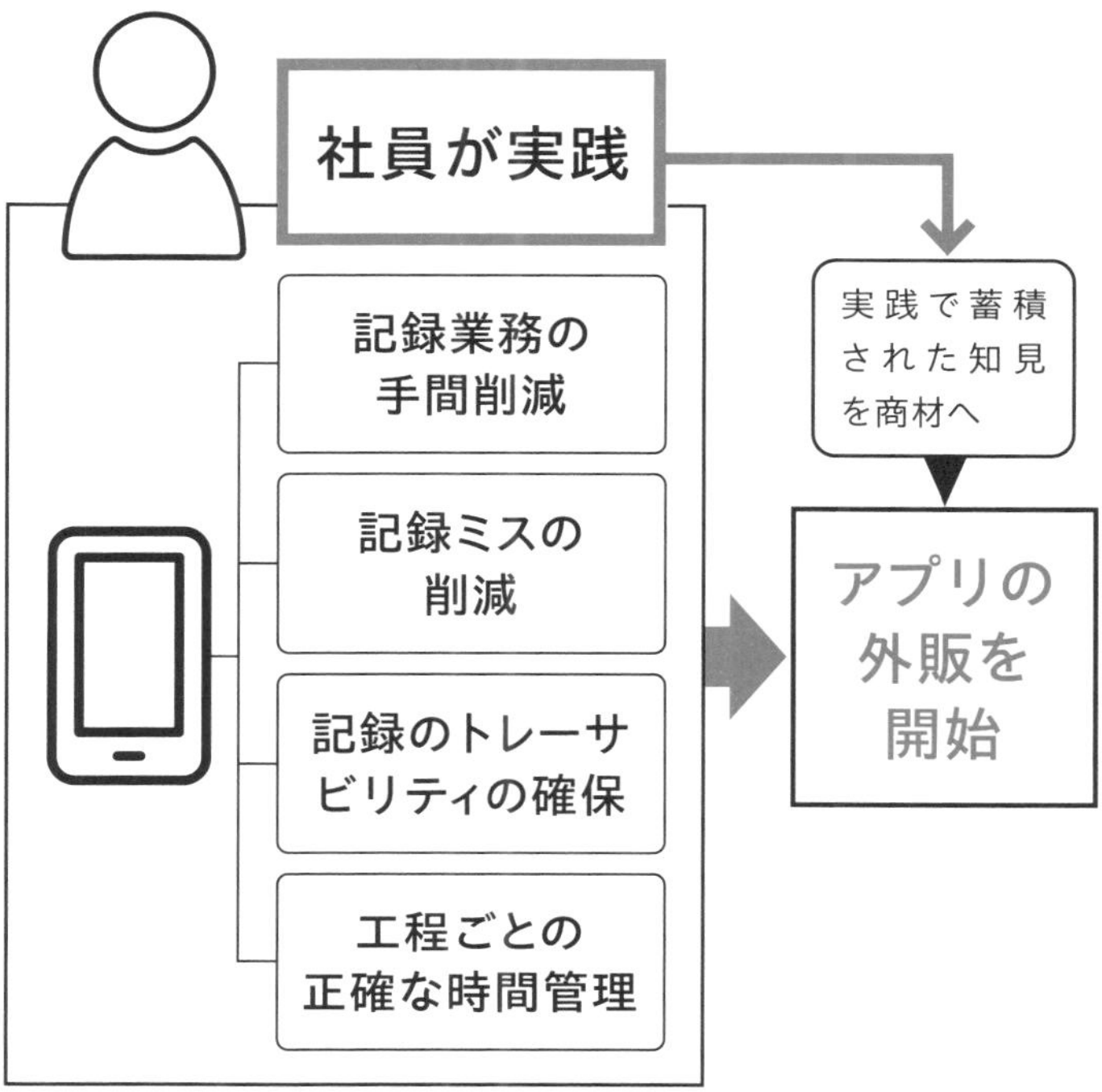

成果　記録業務の改善だけではなく
アプリの外販も可能になった

さらに、開発したアプリの外販も開始し、当初の狙いだった自社や町工場における課題解決だけでなく、大企業からも注目されるようになりました。

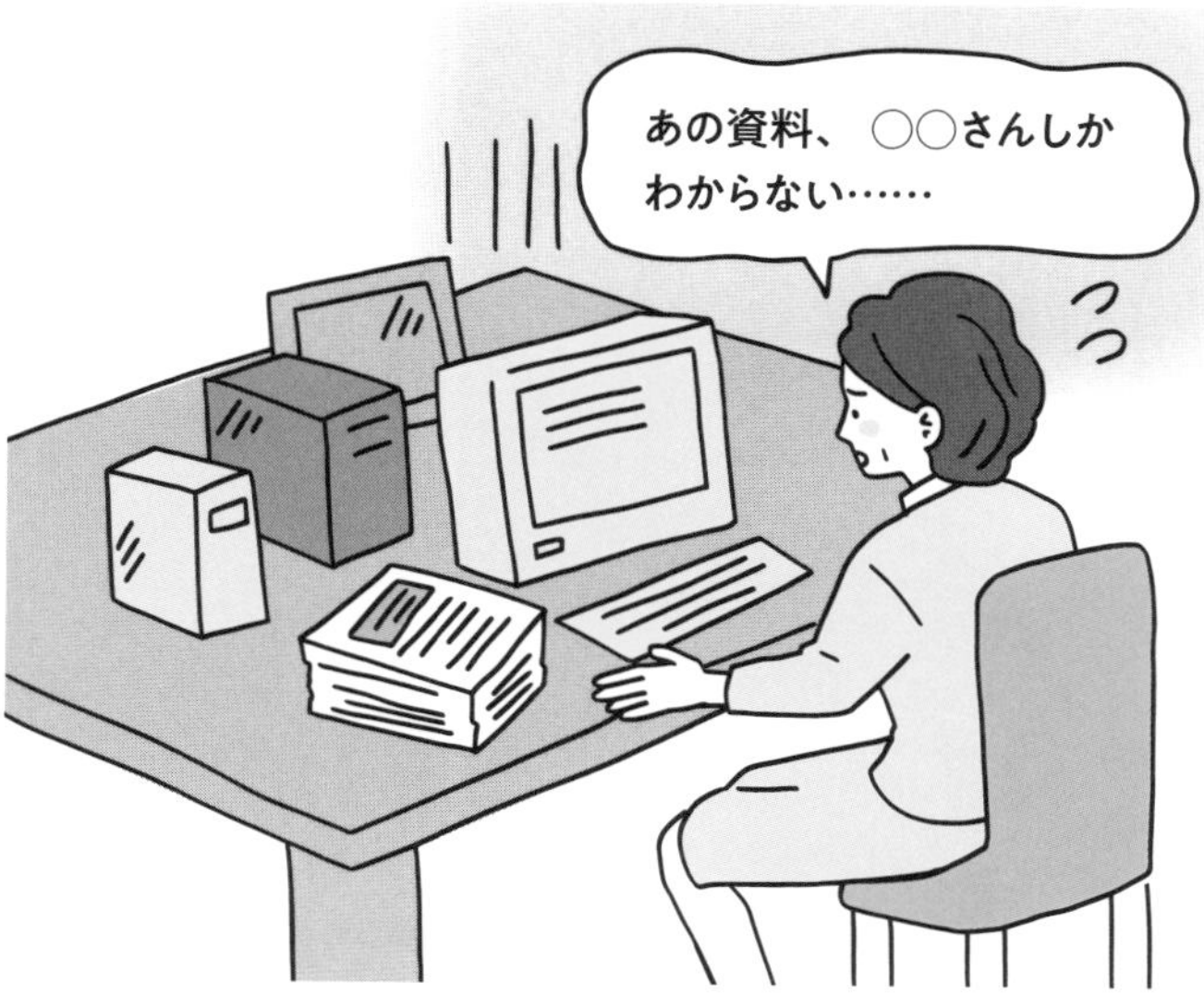

Digital Transformation

33

情報共有・意思決定

ローコードツールの活用で棚卸業務や売上報告が迅速に

全社／経営企画

推進企業

風月フーズ

背景　現場状況の把握が十分にできていなかった

システム導入で会社全体の課題を解決

風月フーズでは、店舗情報収集の属人化や社内サーバーの老朽化による業務停止リスクを抱えていました。

そこで、コード不要でアプリを開発できるローコードツールGoogle Workspaceを導入しました。社員がデータを活用し、自ら考えて行動することを促すためです。売上情報がクラウド上で表示されるため、**スマホがあれば、わざわざ会社に出社して確認する必要がなくなり、どこでもリアルタイムで売上を確認できるようになりました。**

また、現場スタッフがオンラインでコミュニケーションできるGoogle Workspace Frontlineも取り入れ「最新データがどれかわからない」状態から脱却しました。本社と現場の情報共有ができるようになったことで、本社が現場の情報を入手しやすくなり、属人化も解消できました。

本社と現場の情報共有

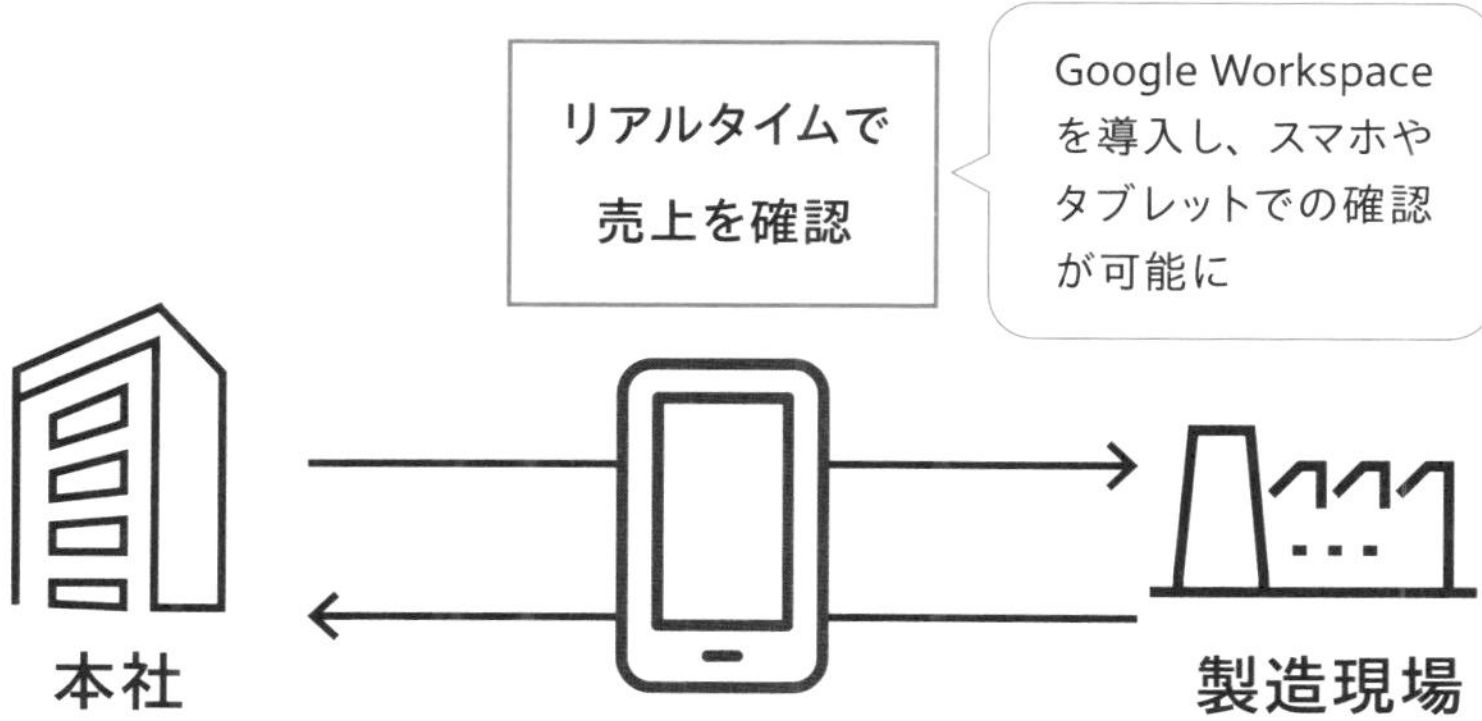
リアルタイムで
売上を確認
Google Workspace
を導入し、スマホや
タブレットでの確認
が可能に
本社
製造現場

- クラウド上でデータを集約して一元管理
- 紙ベースでのやり取りをアプリに移行
- 現場スタッフがオンライン上でコミュニケーション可能

成果 本社から現場状況が確認しやすくなった

Digital Transformation

34

情報共有・意思決定

新しい働き方への対応とマネジメント変革

センサーで人の移動を把握
人が増えたから室温を下げよう
ただいま戻りました

成果　社員の働きがい向上やコミュニケーションの改善

社員の位置情報や移動履歴を取得

清水建設は「Shimz デジタルゼネコン」を中期デジタル戦略とし、DXを経営ビジョンに位置付けています。**時間と場所を選ばないNN（ニューノーマル）時代の新しい働き方を実現するために「SHIMZ Creative Field」事業を始めました。**

この事業の主な特徴は3つです。ひとつ目が、執務空間内に配置されたセンサーと各人が携帯するタグ（発信機）から位置情報を取得して、Web上にバーチャル執務空間を再現すること。2つ目が、執務室内の各人の配置や移動履歴を蓄積することで、働き方改革とマネジメント改革に活用すること。3つ目が、自社開発の建物OS（DX-Core）を基盤とする制御系ネットワークを通じて取得した人の位置情報により、空調・換気設備などを制御して最適な運用を行い、コロナ禍のような状況にあっても安心安全な空間と省エネ化を実現することです。

管理／総務

推進企業

清水建設

Digital Transformation

35

情報共有・意思決定

的中率が高い来客予測で無駄のない仕入れやサービス改善

販売・サービス

推進企業

ゑびや

この日の仕入れは
10kgで OK
明日、人手
が足りている
ので休みます

成果 来客予測により売上と利益率向上

データ分析で来客を確実に予測

ゑびやでは、これまで来客予測を経験と勘に頼って行っていました。このような曖昧な予測では、信ぴょう性も低く、現場でも共有されません。そこで、過去の売上データや気象・曜日などを数値化・データ化することにしました。

約3年かけて400項目近いデータを分析し、「予測的中率95%超」の予測式を完成させました。この予測は、従業員の無駄な残業や休日出勤を抑えたり、食材発注の量や仕込み時間を削減するなど、無駄な作業時間の削減に活かされています。また、以前と比べて約90%の食品ロス削減効果が出ています。

DX全体の取り組みを通して、5年間で売上を5倍に上昇させ、利益率は10倍にまで向上させることができました。

Digital Transformation

36

情報共有・意思決定

口頭ではなくチャットベースの情報共有で作業時間を短縮

皆さん
確認してください
今週の引き継ぎ事項
会議で決まったことが
引き継がれてる!

成果　チャットツールの導入により、各自のタイミングで正確な情報を確認できる

ツールでコミュニケーションの質を向上

イデアルファーロが抱えている課題のひとつが、スタッフ間のコミュニケーションです。介護業界では、勤務時間がそれぞれ異なるうえに、情報共有は紙か立ち話で行われていました。また、月1回各拠点のリーダーが集まる会議では、短時間では重要事項を決めきれず、決定が先延ばしになっていました。**そこで、社内の連絡事項をすべてチャットツールに統一することにしました**。

結果、最新の情報を一度に全員に届けることができるようになりました。これにより、勤務時間が異なっても各々のタイミングで最新の情報を確認できるようになりました。また、会議ではリアルタイムで議事録を取り、決定スピードを速めることができました。このように、コミュニケーションの質が改善され、作業時間も1週間に1人あたり10時間削減できました。

オペレーション
販売・サービス

推進企業
イデアルファーロ

第4章

働き方が変わる

クラウドツールやビデオ通話ツールによって
場所や時間を選ばずに働くことが可能になりました。
DXによって、従来ではできなかった
働き方を実現した事例を紹介します。

今日の仕入れの
本数を入力して…
夫の転勤が
決まったけど
この仕事は
続けたいな

Digital Transformation

37

働き方

リモートワークで優秀な人材を確保し、競争力強化

全社／管理／人事

推進企業

ヌボー生花店

背景　現場仕事が中心のため
社員の働く場所を制限していた

クラウドツールで働き方の選択肢を増やす

ヌボー生花店では、現場仕事が中心であったために、社員の働く場所を制限してしまっていたことが課題でした。そこで、遠距離でも業務ができるように、クラウドツールを導入してリモートワークができる環境を整えることにしました。

具体的には、マネーフォワードを使った給与・勤怠業務のクラウド化、LINE WORKSを使った場所にとらわれない社内コミュニケーションの実現など、あらゆる業務を電子化しています。

これにより、**業務を現場でやるべき仕事とリモートでできる仕事に分けることができました**。そこから、現場が効率よく回るように支援するリモートワークチームが生まれました。

さらに、社員1人あたりの平均給与が1・2倍になり、厳しい生花業界のなかでも平均給与が上がり続けています。

成果 クラウドツールの導入で、働き方の選択肢が増え、同時に効率よく仕事が進み、給料もアップ

Digital Transformation

38

働き方

全業務の一元管理と業務フローの可視化で属人的な状態から脱却

背景　業務の属人化による
非効率的な働き方が企業経営に悪影響

営業方法を共有して効率よく業務を行う

長年、ウチダレックでは「仕事は気合と根性で回す」空気が確立されていました。業務も属人化しており、離職率も高く、社員間の権力構造まで存在していました。これらの課題解決のため、同社は顧客を管理するクラウドCRM（Salesforce）を導入し、不動産業務を一元化する「カクシンクラウド」を開発しました。

具体的には、**まず一人ひとりの業務をデータで可視化させ、属人化していた業務の標準化・定着化を行いました**。また、各社員の営業方法を一元管理し、よりよい営業方法を社内で共有できるようにしています。これにより、効率的に業務が回り、週休3日の働き方へと変化しました。1人あたりの営業利益も2.5倍になり、離職率も3％減少、経費も40％削減するなど、課題解決の効果を得ることができています。

営業

推進企業
ウチダレック

成果　業務データの属人化を解消
労働時間を短縮し、営業利益も向上

Digital Transformation

39

働き方

スマホ完結型ECサービスで顧客への密な対応を実践

販売・サービス

推進企業

ミウラタクヤ商店

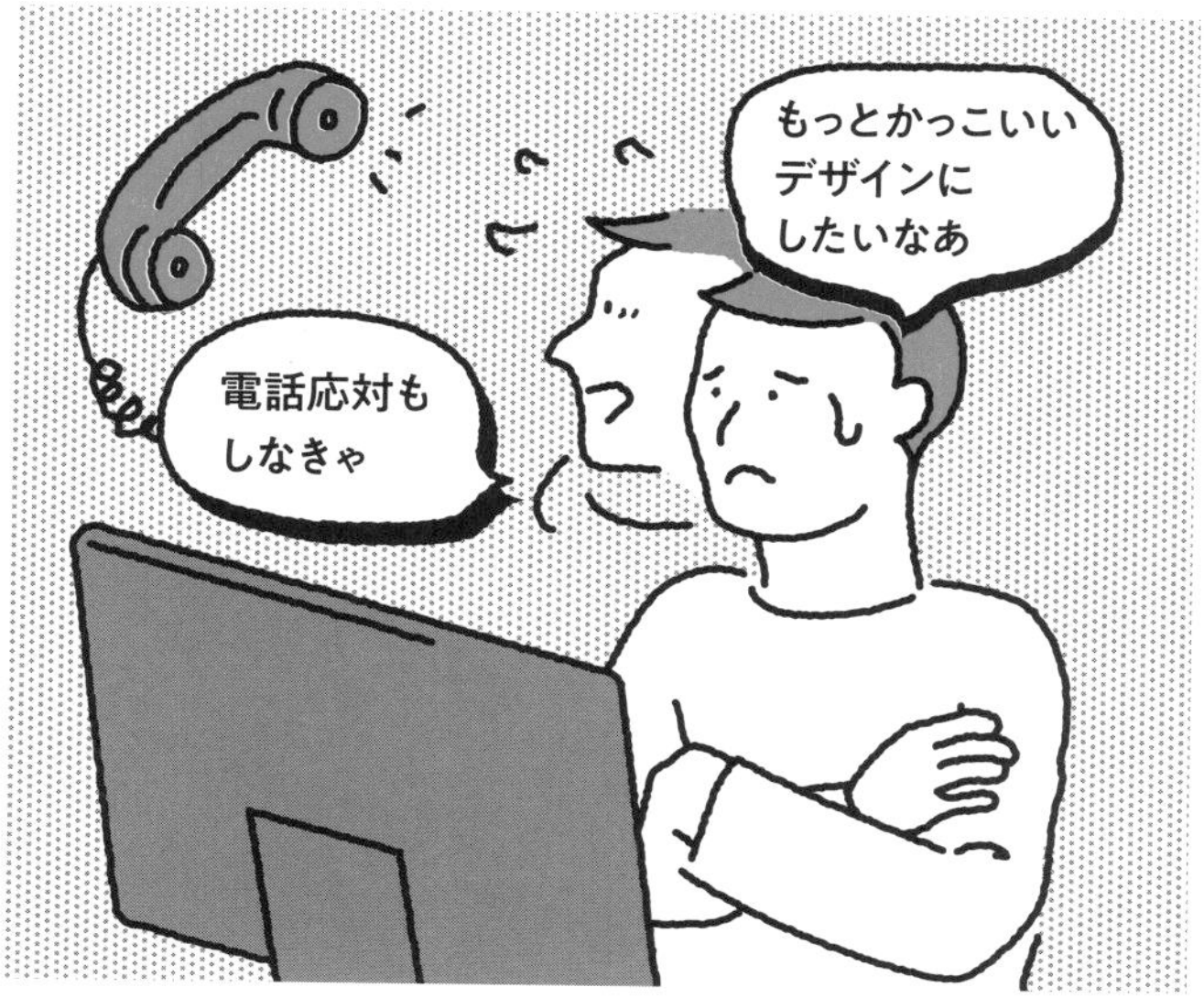

背景　ひとり運営のため新しい機能を簡単に取り入れたり拡張したりできない

サービスの活用でひとり運営体制を構築

ミウラタクヤ商店は、運用中のECプラットフォームに「ECの運営工数を減らす」「デザインの精度を上げる」という2つの課題を持っていました。この課題を解決するべくリサーチした結果、海外のプラットフォームであるShopifyに目を付けました。

同店はひとりで運営しているので、作業にかける時間や施策を絞ることが重要です。**Shopifyは、新たな機能を入れるための時間がかかりません**。追加アプリが充実しているので、例えば、チャット機能を付けたいとなったときもアプリを再開発する必要はなく、インストールするだけで機能が拡張されます。

運営をスマホに集約することで、ひとり運営でも顧客からの問い合わせに瞬時に返すことができます。

間で行うことができるため、それが顧客からの信頼にもつながっています。

また、顧客とのコミュニケーションも友達のような近い距離

外出中もひとりで
顧客としっかり
やり取りできる!
新機能も
手間いらず
お問い合わせ

Shopify 導入後の顧客とのやり取り

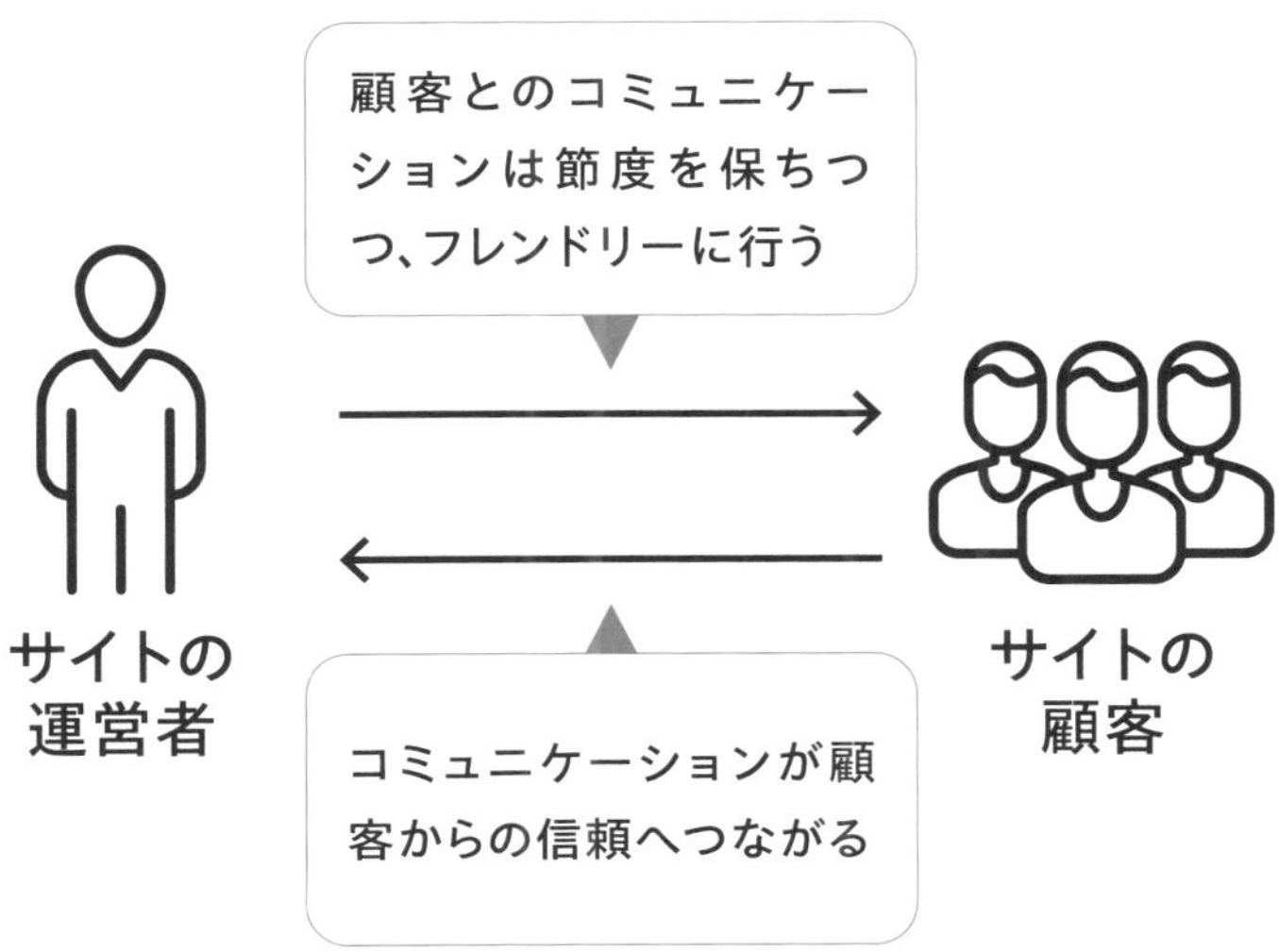
顧客とのコミュニケーションは節度を保ちつつ、フレンドリーに行う
サイトの運営者
サイトの顧客
コミュニケーションが顧客からの信頼へつながる

成果 新機能を簡単に導入できるうえ、顧客に距離を感じさせないコミュニケーションを実現

請求処理をデジタル化し年間2000時間以上を削減

成果　年間2000時間以上の業務時間を削減できる

従来の紙ベースの運用から脱却

鉄鋼業界は歴史が長く、全体的にデジタル化の取り組みがあまり進んでいません。しかし、コロナ禍で在宅勤務となり、これまでのアナログ中心の運用方法に限界が見られました。

そこで、伊藤忠丸紅鉄鋼は、それぞれの業務に沿ったアプリを制作できる「Power Platform」を導入しました。

これにより、**全体フローの進捗を確認できるようになりました**。未承認のステータスの一覧も出せるので、支払いのミス防止にもつながります。結果、紙文書の管理や時間の削減、申請・承認のための出社が不要になるなど、年間2000時間以上の業務削減が期待できます。承認フロー全体の可視化と通知による支払いミスを抑制し、どこでもデジタル申請・承認可能な環境を整えることで、業務を効率化し、コスト軽減を実現できます。

経理

推進企業
伊藤忠丸紅鉄鋼

Digital Transformation

41

働き方

農家として働きながら副業として無人の古着店を経営

販売・サービス

推進企業

MUZIN 田町店

成果　無人販売でその場にいる必要がなく本業と副業が両立できる

新しい働き方の無人販売

コロナ禍によって、今までにない新しい働き方が次々誕生しています。その働き方のきっかけを生むひとつが無人販売です。MUZIN田町店は、香川県高松市の田町商店街にある無人の古着販売店です。同店のオーナーとスタッフは、もともとアパレル業界で働いていましたが、現在は農家で一日中仕事をしています。本業である農家の仕事と副業の古着販売を両立するため、無人で古着販売をすることにしました。

無人の店内には6台の防犯カメラを付け、支払いは機械を使って行っています。これにより、毎回の作業は朝と夜の開け作業と閉め作業、掃除と商品の品出しだけで完了します。無人にすることによって人件費が削減されるので、服の価格を抑えることができます。また、長時間営業もできるなど、無人販売だからこそできる働き方が生まれています。

Digital Transformation

42

働き方

オンラインカウンセリングで現場・現物主義から脱却

最近、頬がよく乾燥するのが悩みで…
でしたらこちらの商品はいかがでしょうか

成果　美容部員とデジタルを組み合わせて消費者に新しいサービスを提供できる

デジタルの導入で新しい接客方法を探究

コロナ禍の影響により、化粧品業界は美容カウンセリングなどの対面での接客ができなくなりました。しかし、化粧品の製造・販売を行うコーセーはこの機会をチャンスと捉え、オンラインカウンセリングへの取り組みを開始。従来型の対面接客の調査分析結果により、対面接客の80%は、オンライン上でも対応可能な「消費者の肌質の認知や分析を行うカウンセリング」に費やされていることが判明しました。そこで、**インターネットを活用することで美容部員の働き方改革を行い、美容部員が場所や時間などを選択できる働き方を実現**。また、オンラインの映像や通話の質にこだわることで、オンラインによる新しいカウンセリングスタイルの付加価値提供に努めました。

デジタルを活用して美容部員の働き方を変え、新しい形で消費者に商品を提供することができるようになっています。

販売・サービス

推進企業

コーセー

第5章

従業員体験が変わる

仕事における感情と体験に焦点をあて、
DX によって仕事をすることの価値や
組織の一員として働くことの価値を
実感できるようになった事例を紹介します。

Digital Transformation

43

従業員体験

基幹システムのスムーズな定着を支援するナビゲーション

まずは
そのボタンを
押してください
システムの
使い方が
わからない

背景 システム操作が難しく、社内にシステムが浸透しない

ナビゲーションを使って操作法を定着

導入した最新システムにより操作が複雑化してしまい、加えて従業員の高齢化という事情から、うまく使いこなせる人とそうでない人に分かれ、会社全体としてみるとシステムの利活用がうまくいかないというケースがあります。

この問題を解決すべくテックタッチが開発したシステムガイドナビゲーションの「テックタッチ」を導入しました。テックタッチは、**使っているシステムにナビゲーションを直接表示**し、あたかもシステム画面のなかに人がいるかのように、システムを操作する人に次に何をするべきか手取り足取り教えてくれます。

この技術の導入により、必要なオペレーション、システム操作をどのような社員でも使いこなせるようになり、システムの利用度合いが上がりました。

販売・サービス

推進企業
GENDA GiGO Entertainment

成果 必要なオペレーション、
システム操作の定着を短期間で実現

Digital Transformation

44

従業員体験

顧客発掘と商談報告を効率化できる商談デジタル手帳

背景 営業報告におけるデータの入力・管理で二度手間が発生していた

営業データをアプリで一括管理

求人情報サービス「バイトル」の運営会社であるディップの営業現場では、商談情報の報告を、上司へのＬＩＮＥでの報告とＣＲＭ／ＳＦＡの入力で、二重に入力する必要がありました。また、商談前のリストの確認をＥｘｃｅｌと自身の手帳で行う必要があり、移動中に確認が難しい状況でした。

それらの問題を解決するために「レコリン」が導入されました。レコリンは同社が独自に開発したデジタル手帳アプリで、**過去の接触状況から商談・成約状況を可視化し、訪問すべき顧客がすぐに見つかります**。導入により商談後の上司への報告と商談データの入力が一元化され、二重で入力する必要がなくなります。また、入力したデータはアプリ内で管理されるため、リスト確認をスマホのみで完結できるようになりました。業務が効率化したことで営業活動に充てられる時間が増えています。

営業

推進企業

ディップ

成果　商談に付随する業務の手間を減らし商談に集中できる

この工程の情報
どこにありますか？
Aさんに聞かないと
わからないですね

Digital Transformation

45

従業員体験

工場内のデータの統合により生産・品質管理が効率化された

生産・製造

推進企業

サントリー食品インターナショナル

背景 担当者ごとに情報管理を行っていたため問題分析・解決に時間がかかる

工場にAIを搭載して業務を効率的に

工場内では、商品の履歴情報や報告書作成など人手に頼った作業が多くあります。サントリー食品インターナショナルではそれらの情報管理をそれぞれの担当者が行っていたので、問題が発生したときに分析や解決に時間がかかっていました。そこで、**同社は工場内のデータを統合し、業務の効率化を目指しました。**

生産設備や機器だけでなく、調達や製造、品質管理などさまざまなデータを統合したことで、商品に関する問い合わせへの対応を迅速に行うことができるようになりました。また、工場内で不具合が発生した場合は、不具合が発生した場所の特定、今後の生産への影響を即座に確認できるようになりました。

さらに、業務のデジタル化で作業者のリモートワーク推進にもつながりました。

成果　情報を集約することで問題発生時、迅速に対応できる

Digital Transformation

46

従業員体験

クラウドベースの情報共有で業務改善、売上アップ

全社／経営企画

推進企業

トマト工業

情報共有の量と残業時間の縮減による業務の増加

働き方改革の実施により残業時間が縮減した	製造現場での社員間の情報伝達量が多い	社員同士で連絡や情報が共有されていない

↓

- 日中の仕事量増加
- 仕事量と給与が釣り合っていないことへの不満
- 社員同士の連絡が行き届かない

背景 生産現場の情報共有と残業縮減により従業員の業務負荷が増加した

クラウドによる情報共有で社内が活性化

トマト工業は小ロット、多品種の商品を扱っています。そのため、製造現場での社員間の情報伝達量が多いこと、また、働き方改革で残業時間を縮減したことで、日中の業務が増加し、給与面で従業員から不満の声が上がっていました。そこで、クラウドサービス「E‐アシスト」を導入し、これらの課題を解決するための取り組みを開始しました。

まず、**全社でクラウドサービスを活用し、称賛などポジティブな情報を共有するよう意識しました**。また、業務の「カイゼン案」を従業員が提案、共有することで、他チームで似た問題が発生したときにも活用できるようになっています。

クラウド活用を社内全体に浸透させ、称賛（感謝）の共有で従業員のモチベーションを上げることに成功し、売上高は32・7％アップ、そしてカイゼン案が3倍になりました。

顧客体験
組織・文化
情報共有・意思決定
働き方
従業員体験
ビジネスモデル
業務プロセス
地域

成果 情報と称賛の共有で従業員のモチベーションがアップし、売上も改善提案数も上昇

Digital Transformation

47

従業員体験

製造現場とIT技術をつなぎ生産性と品質を向上

生産・製造

推進企業

樋口製作所

アナログでの業務

・帳票類はすべて手書きで行う

・大半の情報が紙ベースである

・設備の稼働状況を把握しきれない

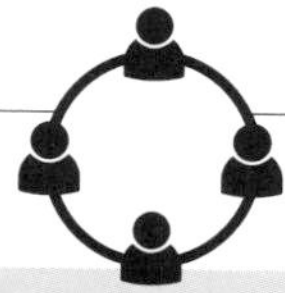

社員の業務への影響

・検索に時間がかかる

・社員間の情報共有ができない

背景　稼働状況の把握、手書きの帳票のデータ化による検索性の向上が必要

自社で稼働中の全マシンにIoT導入

樋口製作所の製造現場の帳票類はすべて手書きで、検索や閲覧が難しく、設備の稼働状況も把握できていませんでした。

そこで同社は現場にフィットしたシステムを構築するため、社内エンジニアによるＩＴチームを立ち上げます。そして、各種データ取得からプラットフォーム構築まで自社で行いました。

製作所で稼働するプレスマシンすべてにＩｏＴを導入し、**稼働状況を監視、データは生産実績入力アプリに入力して管理を行いました**。また、部門ごとに使用している専門システムと製造設備から、自動で取得する製造状況のデータを社内データプラットフォームへ集めることで、各部署に合ったダッシュボードを作成。この取り組みにより1年半でプレスマシン稼働率10％向上、客先流出不具合発生率37％減少など、生産性向上と品質向上が実現できました。

成果　社内システムの開発・導入により
生産性・品質向上を実現

Digital Transformation

48

従業員体験

在庫の重量を検知することで在庫管理業務を無人化

背景 在庫の管理を目視で行っていた

自動で在庫を計量、クラウド化

香水などの企画や製造・販売を行うScenteeでは、在庫の管理を3日に1回スタッフが目視で行っていました。香料は缶で管理しているのでそもそも数えておらず、いつの間にかなくなっている状況もありました。そこで、重量IoTの「スマートマットクラウド」を導入しました。これを使うと、**マットに載せて計測される重さのみで自動で在庫管理を行うことができます**し、業種ごとのさまざまな発注先と連携して、自動発注をする仕組みも備わっています。また、メール、FAXでの発注やRPAなど、ほかのシステムとのデータ連携機能によりほとんど無人で在庫管理を行うことができます。

スマートマットにより自動で数量が見えるようになったので、在庫の把握ができ、在庫管理のトラブルがなくなり、在庫管理の担当スタッフを別の作業に割り振ることもできました。

オペレーション

推進企業

Scentee

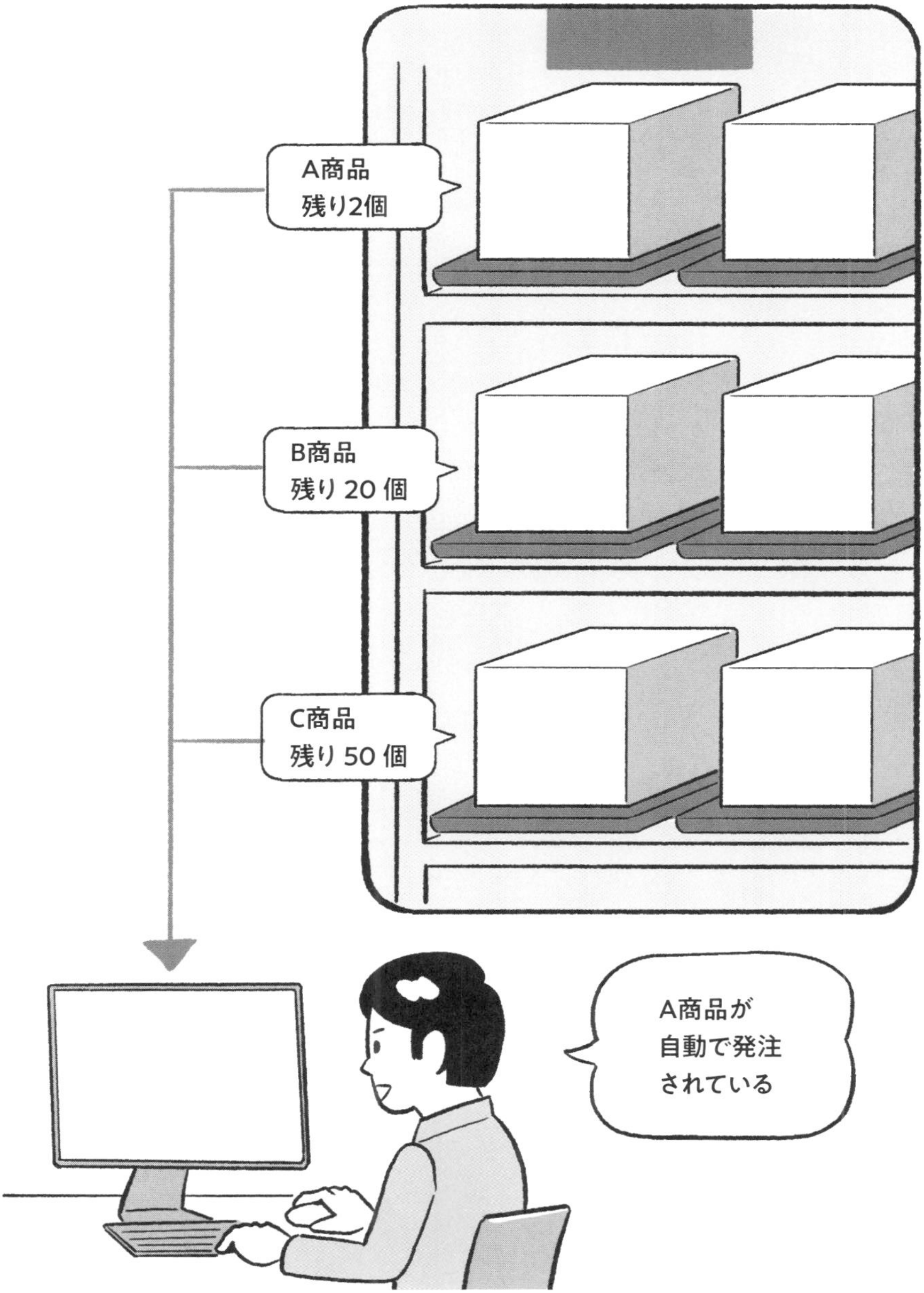

成果 自動で数量が見えることでトラブルなく
在庫管理ができるようになった

Digital Transformation

49

従業員体験

タブレットと運行管理システムで重機運搬の業務を見える化

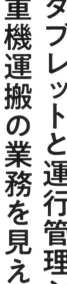

オペレーション

推進企業

黒潮重機興業

背景 情報の伝達・共有がアナログだった

口頭での伝達事項をクラウドで共有

黒潮重機興業は、かつてアナログ作業が主だった重機運搬において、時代の変化に合わせて、パソコン、スマホ、タブレットなどの各種デジタルツールを業務に活用し、デジタル化推進に取り組みました。一度はドライバーとの電話連絡をスマホのチャットに変えてみましたが、サービスの終了や不具合にリスクを感じ、また、独自ルールが多かったこともあり、既存のものではなく、社内独自のアプリを開発しました。

同アプリでは従来口頭で伝えていた運送先の地図情報や注意事項をクラウドに搭載させ、**ドライバーが携行しているタブレットと本社のパソコンを連携させてリアルタイム共有が可能です**。また、DXで「効率化」を目指す企業が多いなか、同社では「価値向上」を目指しています。DXにより、作業効率化、残業削減による働き方改革に加え、売上向上、そして、新たな

人員雇用も実現しました。この新たな雇用により、顧客から届く住所を地図データでPDF化するなど、スピードと正確性の向上につなげ、さらなる価値向上を図りました。

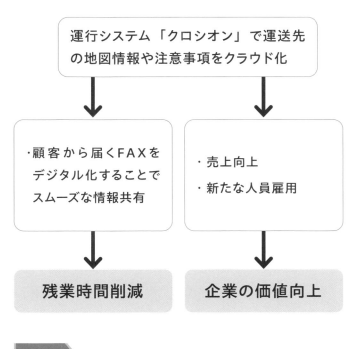

運行システム「クロシオン」で運送先の地図情報や注意事項をクラウド化

↓

・顧客から届くFAXをデジタル化することでスムーズな情報共有

↓

残業時間削減

・売上向上
・新たな人員雇用

↓

企業の価値向上

成果 情報共有のスピードや正確性が向上した

Digital Transformation

50

従業員体験

生産管理システムを独自構築し業務負荷も心理的負荷も軽減

生産・製造

推進企業

アプレ

背景　温室環境の制御や生産管理、販売管理など社員の作業負荷が大きい

生産管理と販売管理の両方をクラウド化

無農薬野菜の水耕栽培を手掛けるアプレでは、多品種を同時に生産するため記録すべき項目が多く、販路も個人通販と店舗販売があるため事務作業が多くなり、社員の作業負荷が高いという課題がありました。また、作物の再生産性を最大化しつつ品質をキープするという生産面での課題もあり、ＩＣＴの活用に踏み切りました。

クラウド活用を基本方針とし、生産管理システムは自社開発、販売管理と温室環境制御にはほかのシステムパッケージを利用し、**すべてのデータをクラウドで管理できるよう設計しました**。

温室内の環境制御は作物の品質管理に大きく影響します。窓やカーテンの開閉、冷暖房やＬＥＤのオンオフなどの環境設定をスマホからクラウド経由でできる温室環境制御システムを導入しました。クラウドでこれらのデータを連携することで、社員の作業負担を軽減しながら温室環境の制御、生産管理と販売管理ができるようになったため、品質向上や作業時間短縮につながり、効率的なデータ活用も行われるようになりました。

生産システムの効果測定で得られたこと

収穫・選果伝票の起票時間	→ 約140時間／月 2000枚分の労力削減
同伝票入力の時間	→ 約33時間／月の労力削減
収穫量、歩留り率の把握	→ 生産と営業間の情報の連携強化
在庫数の把握	→ 高単価取引先への優先的な販売

成果　生産管理と販売管理が容易になり作業負荷が軽減、品質向上や作業時間も短縮した

Digital Transformation

51

従業員体験

AIを使ったFAQシステムで問い合わせ応対業務の効率化

もしもし
○○のシステムについて
伺いたいのですが
今お調べ
しますので
少々お待ち
ください

背景　電話応対に時間を取られて
ほかの業務が進まない

FAQをAIに任せて応対業務を効率化

北日本コンピューターサービスのコールセンターでは、これまで問い合わせの回答に必要なデータを検索する「質疑応答システム」を活用していました。しかし、スムーズなデータ取得が次第に難しくなり、負担となっていました。

そこで、秋田県産業技術センターと協力しながら、AIを活用して回答を検索できるシステム「ふれあいコンシェルジュ」を開発しました。

ダッシュボードで質問内容などを確認でき、検索ニーズから新たなデータを簡単に作成できるようになりました。また、AIの回答を参考にすることで、若手とベテラン間での電話応対品質のばらつきをなくすこともできました。結果、他業務にも取り掛かりやすくなり、業務全体の効率化につながりました。

オペレーション

推進企業
北日本コンピューターサービス

AIによる顧客応対の効率化

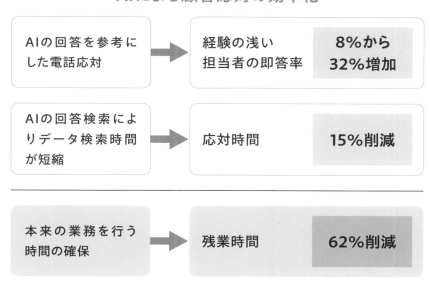

AIの回答を参考にした電話応対 →	経験の浅い担当者の即答率	8%から32%増加
AIの回答検索によりデータ検索時間が短縮 →	応対時間	15%削減
本来の業務を行う時間の確保 →	残業時間	62%削減

成果 応対時間と残業時間が削減され、業務効率化につながる

Digital Transformation

52

従業員体験

IoT工具管理システム開発による段取り時間の短縮

背景 必要な工具の収集に時間がかかる

工具収集にかかる時間を削減

マイスターでは、一つひとつ違う製品をつくっているので、その都度必要な工具の種類や数が変わります。そのため、約1000種類以上に及ぶ工具のなかから、必要な10～30本の工具を探し回らなければなりません。工具を探す作業だけで平均30分かかり、この作業時間は作業者の記憶や慣れに大きく依存していました。

この工具収集の時間を短縮するため、同社は「IoT工具管理システム」を開発しました。加工プログラムごとに**必要な工具の保管場所に設置されたLEDが点灯する**ことで、必要な工具を順番通りにピックアップできるシステムです。このシステムにより、誰でも容易に、3分程度で工具収集を完了できるようになりました。また、工具収集が短時間でできるようになったため、工作機械の稼働率も向上しました。

生産・製造

推進企業

マイスター

工具収集に手間取る → **工具保管場所にLED設置**

工具収集に必要な時間
平均30分

従来の1/10に短縮 →

工具収集に必要な時間
3分程度

機械の停滞
稼働率の低下

業務負担の軽減 →

工作機械の稼働率向上
RPAプロジェクト※による業務効率化

※ロボティックプロセスオートメーション(Robotic Process Automation)の略で、事務作業を自動化できるソフトウェア

成果 工具収集の時間を短縮した結果、機械の稼働率が向上した

Digital Transformation

53

従業員体験

バックオフィスのペーパーレス化により従業員体験の向上

業務データがひとつにまとまって作業しやすい!
発注書
勤務表
財務
¥

成果　人為ミス発生防止、人事労務から会計までさまざまなデータがつながり、時間短縮

バックオフィスの処理をデータ化

中小企業では、バックオフィスの処理をすべて紙で行っている企業が未だに多くあります。しかし、人が行う作業にはミスは付き物です。そこで、同社は奉行クラウドを活用し、バックオフィス管理体制の立て直しを行いました。

奉行クラウドで財務・税務にすべての業務データがつながるようになり、人事労務と会計を別々に作業する無駄な労力も解消されました。また、法や制度の改正にも柔軟に対応できます。そのため、近々始まる改正電子帳簿保存法への準備も整いました。さらに、給与面では内製化支援を受けることができ、残業削減の環境へと変わってきました。

こうした取り組みによってバックオフィス業務のミスリスクの減少と、業務形態を見直した分、必要な業務に時間を割けるようになりました。

管理

推進企業
桑原運輸

Digital Transformation

54

従業員体験

TV制作現場が生んだAI活用の文字起こしソフトで時間短縮

成果 文字起こしの作業時間が削減し、業務効率化、一般向けサービスとしても提供

AIによる文字起こしで作業負担を軽減

文字起こしは非常に時間を要します。例えば、30分のインタビューの文字起こしには約3時間費やさなければならず、その間、ほかの作業を進めることができません。そこで、**TBSはAIで文字起こしを行う「もじこ」を開発しました。**

もじこの特徴は3つあります。ひとつ目は文字の後に音声が聞こえてくる点。2つ目は、時間をかけずに文字起こしの修正ができる点。3つ目は、もう一度聞きたい部分をワンクリックで再生することができる点です。導入の結果、約1時間かかっていた文字起こしの作業時間を10分ほどに短縮することができました。

さらに、放送局以外にも文字起こしのニーズがあることから、吉積情報という企業へ「もじこ」のライセンスを提供し、一般向けのサービスとしても提供しています。

オペレーション

推進企業

TBSテレビ

ローコードツールで複数業務のアプリを開発し工程管理の効率化

生産・製造

推進企業
西機電装

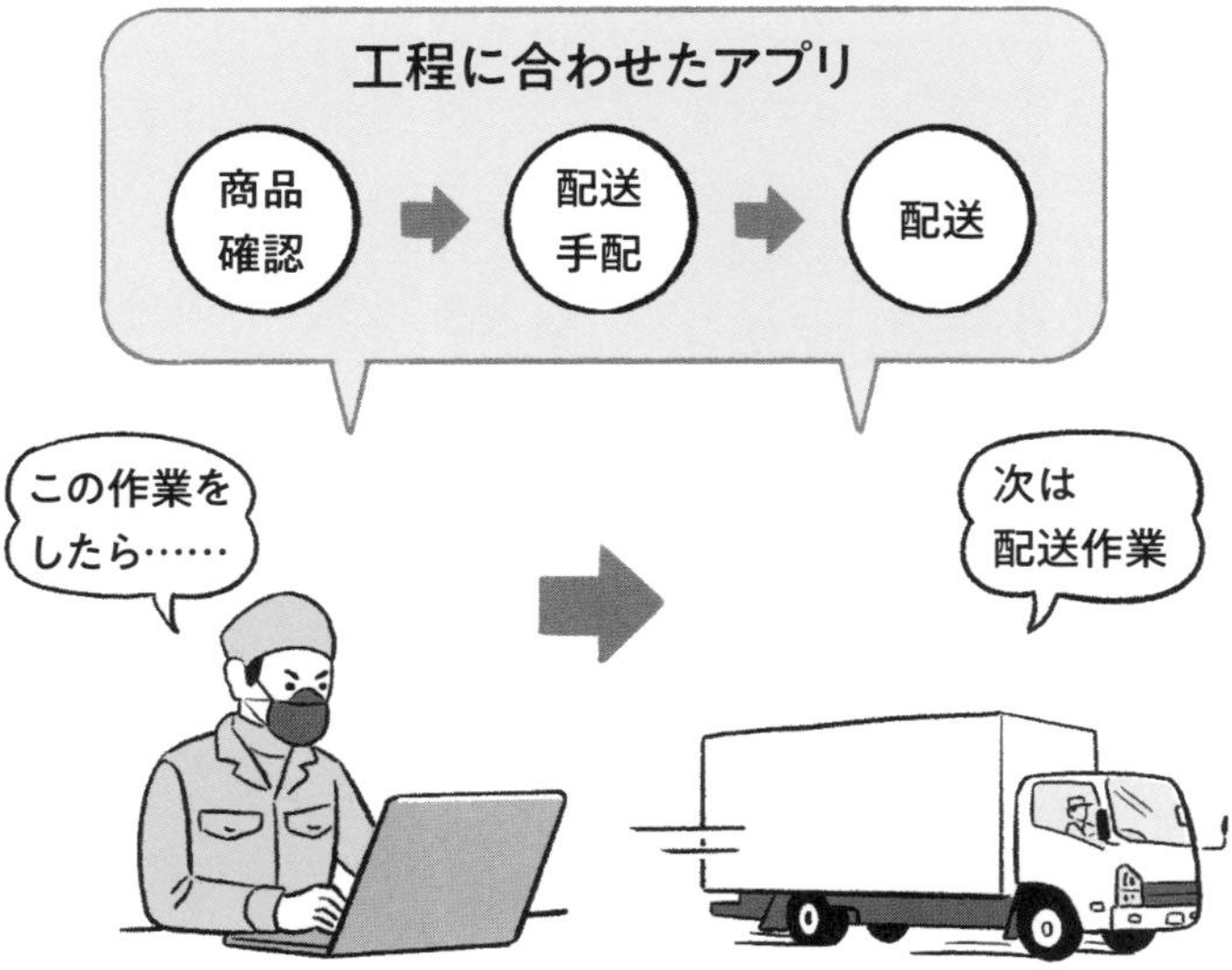

成果　さまざまなアプリを開発し、社員が積極的にDXを進める

必要なアプリを数多く開発し業務を改善

西機電装はkintoneクラウドシステムを使った業務の効率化をDX推進における目標に設定しました。しかし、DXに対する社員の消極的な姿勢やシステムの使いづらさが問題になっていました。そこで、「システムに人が合わせる」のではなく、「システムが人に合わせる」ことを目指し、**従業員のシステム活用へのハードルを下げていきました**。出荷までを管理するアプリや注文書管理アプリ、勤怠管理アプリなど、現場や社内で必要なアプリを、コードを書かずにシステム開発できるローコードツールで開発していきます。その結果、総務部において、従来は数日かかっていた作業日集計・内容確認を、ワンクリック5分で完了できるようになります。

また、社員がシステム活用に慣れ、メリットを理解できたことによって、自ら業務改善を進めるようになりました。

Digital Transformation

56

従業員体験

人とロボットの協働により多様な人材が活躍できる職場に

成果　非接触でのサービスを行いながらスタッフの業務効率化も実現した

ロボットの導入で顧客満足度の向上へ

昨今の飲食業界では、新型コロナウイルス感染症対策の影響で非接触のサービスを求める人が増え、さらには人材採用難という中長期にわたる課題への対応が求められています。そこで全国にファミリーレストランを展開するすかいらーくホールディングスは、**フロアサービスロボットを導入しました。**

非接触で配膳ができるロボットの導入は、顧客満足度の向上に直結し、また、従業員が顧客満足度の向上につながるほかの業務に費やすことのできる時間が増えました。特にシニアスタッフの作業軽量化や、業務難易度の軽減によって外国人スタッフの活躍が推進されるなど、社会課題への対応にもつながっています。

フロアサービスロボットは一度に4人分の食事を運ぶことが可能で、効率的に配膳が行えるため、客の回転率が向上しました。

販売・サービス

推進企業
すかいらーくホールディングス

Digital Transformation

57

従業員体験

チャットツールで保育園運営の課題を解決し、年間1270時間削減

オペレーション／販売・サービス

推進企業

アルコット学園

成果　全社で年間1270時間の業務時間を削減。職員の負担軽減を実現した

Chatwork導入で職員の負担を軽減

幼稚園業界の問題点のひとつである職員の働き方について、アルコット学園では職員のライフ・ワーク・バランスを改善するため、**クラウドサービスChatworkを活用しました**。

まず、保護者からの各種申し込みをＧｏｏｇｌｅフォームで受け付け、Chatworkに集約し、全職員が内容を閲覧できるようにしました。また、保護者からのメール受け付けを複数のメールからＧｍａｉｌに集約しました。これにより、集計ミスや確認漏れなどの問題を解決しました。

以前は保護者へのメール作成や打ち合わせに年間１３５６時間かかっていましたが、Chatworkや Ｇｏｏｇｌｅフォームの活用により、年間86時間となり、年間を通して１２７０時間と大幅な業務時間の削減に成功しました。

Digital Transformation

58

従業員体験

ボイラーにIoTセンサーを導入して農協作業員の負担を削減

燃料が
減っているな
補充を
手配しよう
タンク材量

成果　燃料残量が見えるようになり、効率化が実現された

管理

推進団体
宮崎中央農業協同組合

タンクの状態を可視化させて確認不要に

宮崎中央農業協同組合に所属する各農家では、１日に１回、燃料の残量を目視で確認し、残量が少ない場合は電話などでＪＡに燃料配送を依頼し、その都度補充しなければなりませんでした。同組合では各農家の燃料残量測定及び燃料補充業務の効率化が重要な経営課題となっていました。

同組合は、重油タンクへＩｏＴセンサーを付けて遠隔測定を可能にし、**残量をＷｅｂ上で閲覧することができるシステムを開発しました**。残量が規定値以下になったり、燃料が補充されたりすると、ＳＮＳを通して即座に利用者へ通知されます。

当初は１００タンクに導入していましたが現在は３２００タンクに拡充し、各農家の燃料残量測定及び燃料補充業務の効率化を実現することができました。

Digital Transformation

59

従業員体験

旅館でIoTを導入し最小限の人数で最適なおもてなしを行う

成果 センサーや自動カメラを活用することで
最小限の人数でのおもてなしを実現

最新技術を活用した「おもてなし」を

旅館を経営する陣屋では、風呂の温度管理やタオルの交換、お出迎えのためのお客様待ちなど、おもてなしのためにたくさんのスタッフを配置していました。しかし、IoTを活用することで業務の効率化、人出の削減に取り組みました。

まず、駐車場の入口では車のナンバーを自動撮影してスタッフに通知することで、**常時お客様待ちのスタッフを配置せずとも最適なタイミングでお出迎えができます**。浴槽には湯音センサーを付けることで、湯船の温度や水位の管理が行えます。また、風呂場の入口に人感センサーを設置することで、タオル補充・清掃の手間を最適化することができました。客室の入口のセンサーでお客様の出入りを感知してからレストランの入口でお出迎えをするなど、旅館業務を「見える化」したことで最小限の人数でのおもてなしの実現を可能にしました。

オペレーション／販売・サービス

推進企業

陣屋

建築図面・現場管理アプリの導入で残業時間を削減

成果　業務内容の効率化による残業時間の削減

無駄な業務を減らし残業時間の削減へ

電気設備工事を行う大鎌電気では、残業時間の削減が課題になっていました。工事部の繁忙月の平均残業時間は46・3時間と、1カ月の時間外労働の上限である45時間を超えていました。そのうち現場代理人の2名は現場仕事と事務仕事どちらも行うために現場と会社を往復することから、時間外労働が80時間を超えており、根本的な業務の改善が必要でした。

そこで図面・現場管理アプリの「スパイダープラス」を導入しました。**現場にタブレットを持っていけば、重い書類を持ち込まずに図面データを持ち運びできるようになります。**会社と現場を往復せず、現場作業と同時に図面データの確認や事務作業が進められるようになりました。結果、平均残業時間は36・9時間と、45時間を下回ることができました。

オペレーション

推進企業

大鎌電気

Digital Transformation

61

従業員体験

テレワークの弊害を打破するソフトを開発し商品化

全社／経営企画

推進企業

ソウルウェア

成果　完全テレワーク化で、社員がどこにいても働き続けることが可能になった

やむを得ない退職を回避して人材を確保

少数精鋭の企業にとって、社員がひとりでも欠けることは会社全体に大きな影響を与えます。ソウルウェアでは、家族の転勤など、本人の意向とは関係なく退職しなくてはならない状況を解決するためツールを利用してテレワークを導入しました。

具体的には、**自社製品のkinconeで勤怠管理を行い、給与や経費の精算にはfreee会計を利用しました**。また、社内コミュニケーションツールとしてSlackを導入し、毎日の出退勤の打刻を行います。さらに、テレワーク導入において課題となる固定回線を止め、会社にかかってきた電話にスマホから対応できるクラウドフォンを社用携帯に契約しました。

このように、さまざまなツールを駆使して完全テレワーク化し、社員がどこにいても業務ができる環境を整えることに成功しました。

第6章 ビジネスモデルが変わる

デジタルツールの活用は
業務を効率化させるだけではなく
新事業誕生のきっかけにもなり得ます。
ここでは、自社システムの販売など
新しいビジネスを開拓した事例を紹介します。

ハッカソンイベントを開催し共創により観光事業のDXを推進

背景　コロナ禍で大きなダメージを受けた観光業界の変革の推進が必要

経営企画

推進企業
スマートホテルソリューションズ

ハッカソンイベントで観光・まちづくり

観光業はコロナ禍で打撃を受けており、観光資源やまちづくりに関して変革が求められています。そこで、**スマートホテルソリューションズでは金沢工業大学とともに定期的にハッカソンイベント「サトヤマカイギ」を開催しています。**「ハッカソン」とは、同じテーマに興味を持った開発者がチームとなって短期間で開発を行うイベントのこと。地域の人々、企業、学生と協力して地域活性化に向けた活動が行われています。

同社の社員は約80%が定住拠点を持っていません。そのため、現地に長期滞在し、その地域のDXに向けたシステムの導入や運営サポートを行うことができます。

具体的には、空き家の古民家をホテルや飲食・物販店として改修。加えて、AIによる顔認証システムを使い、端末で顔を読み取るだけで決済できるシステムの導入を進めています。

観光事業の促進

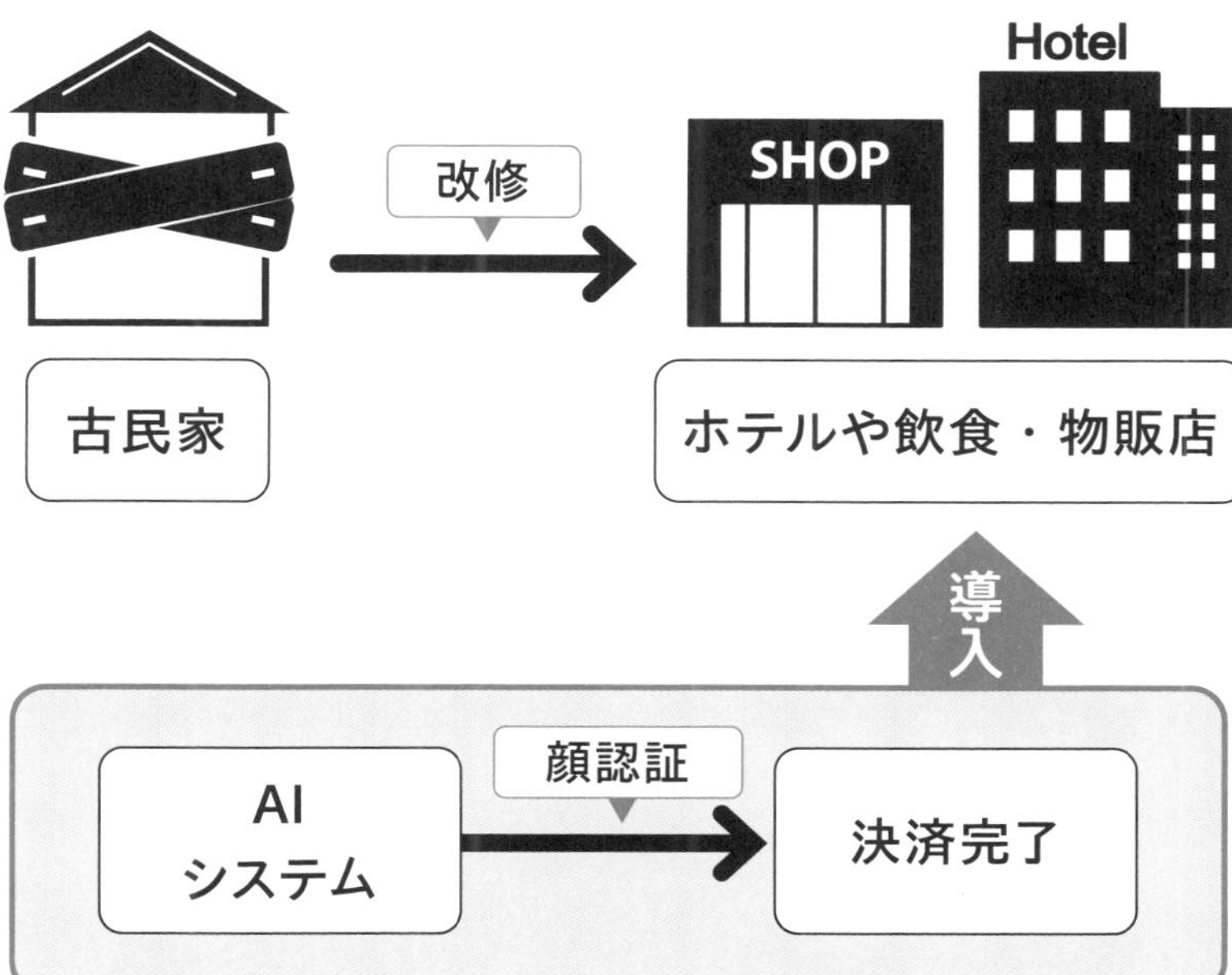

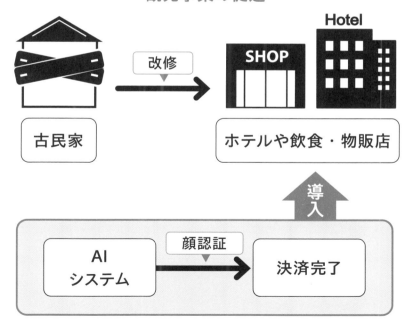

成果 観光・まちづくりの課題解決に向けてシステムを開発

Digital Transformation

63

ビジネスモデル

店舗在庫縮小で空いた売り場を新規ビジネスに活用

お客様を待っている
だけでなく、 もっと
接点をつくりたい

背景 店頭で在庫を抱える負担を軽減させたい

接客ツール導入で多方面に好影響

青山商事が展開する「洋服の青山」では、サイズ別の在庫を店頭で抱えなくて済むよう、**店内にタッチパネル式のデジタルサイネージを設置し、そこから商品の選定・購入ができる「デジラボ」のシステムを導入しました。**デジラボは全国の店舗在庫と連携しているため、店舗スタッフの接客を受けながら希望の商品を購入できます。デジラボで購入した商品は、顧客の自宅でも受け取ることができます。

都市部にある小型店舗から導入を開始し、以降、中型店、大型店へと利用が広がりました。特に中型店や大型店の場合、店頭在庫の縮小や在庫管理など販売付託業務の軽減などに成功したことで、一部の売り場に空きスペースが生まれました。

そうしたスペースはフィットネスなどのフランチャイジー事業など新規ビジネスの展開につながっています。

経営企画

推進企業

青山商事

顧客体験
組織・文化
情報共有・意思決定
働き方
従業員体験
ビジネスモデル
業務プロセス
地域

成果 デジラボを利用して在庫を減らし
空いたスペースで新規ビジネスを展開

Digital Transformation

64

ビジネスモデル

ファッションのサブスクで新しい消費体験を提供

経営企画

推進企業

大丸松坂屋百貨店

販売の転換点に向けた新システム

モノのシェアリング

- 一度は着てみたかったファッションブランドの洋服を自由にレンタル可能
- レンタル後、気に入ったアイテムは、割引価格で購入可能

サブスクリプション

- レンタル・シェアリングサービスをサブスクリプション型で提供
- 社内ベンチャー型・100%Web型の事業を運営

背景 EC化に遅れ、次の消費の転換点への対応が必須であった

サブスクリプションに特化したパターン

百貨店業界はEC化に乗り遅れたことが大きな足かせとなっており、非常に厳しい状況にあります。そうしたなかで、「松坂屋」「PARCO」を運営する大丸松坂屋百貨店は、次なる消費の大きな転換点として「モノのシェアリング」「サブスクリプション」が広まると捉えました。同社はこの転換に乗り遅れないために、**1カ月間定額で洋服をレンタルできる、服のシェアリングサービスを開始**。このサービスを開始するにあたり、POSといった既存のシステムとは完全に切り離した新システムを開発。例えば、レンタルされる全アイテムにICタグを縫いつけ、棚卸、商品探索などの作業を簡略化しました。

サービス開始から3日で3000人の申し込みを獲得し、同会員数は対事業計画の700%超を記録。新規顧客が全体の84%で、新規顧客の獲得に成功しました。

成果 これまで百貨店を利用していなかった
新規顧客を獲得できた

Digital Transformation

65

ビジネスモデル

板金とデジタルを合わせたセキュリティビジネスの立ち上げ

何か新しい
ビジネスは
ないかな?
板金加工業界

経営企画

推進企業

東海理研

背景 働き方の多様化に伴い必要性が高まるセキュリティ対策

入館システム導入で退職者の侵入防止

東海理研は精密板金加工の企業ですが、デジタル技術が高まるにつれ、ＩｏＴ商品のニーズが高まると予測していました。そこで同社が目を付けたのが、**ＩｏＴを用いたセキュリティ商品の開発・販売です**。例えばショッピングモールでは、従業員の入退館ルートに退職者が侵入できる点が問題視されていました。しかし、東海理研が開発した入館システム「デジタル@入退室リーダー」を導入すると、入館時、また、レジの鍵などの貴重品を保管したセキュリティロッカーの使用時に所定の入館証が必要になるため、退職者は関係者入口から侵入が不可能になります。

東海理研では、こうしたセキュリティ商品を組み合わせ、業界ごとにカスタマイズしたセキュリティシステムを提供することが可能になりました。

成果　主要事業の板金加工だけでなく
セキュリティ商品の販売も可能になった

Digital Transformation

66

ビジネスモデル

りんごの木1本ごとにデータ化 利益ゼロのりんごから新商品誕生

生産・製造

推進企業

もりやま園

どこに何の品
種があるのか
わからない…

背景 高齢化によりりんご生産事業の成長が止まっていた

QRコードで各りんごの作業内容を記録

りんご生産で有名な青森県では、りんご農家の高齢化・後継者不足が進み、廃園となるりんご園が増えています。もりやま園は、そうした現状を変えるため、作業効率を上げてりんごの生産を成長産業に変える取り組みを始めました。**各木にタグを付け、QRコードをスマホでかざして木一本一本の作業記録を残すシステムを導入**。そこから得られたデータを分析した結果、全作業のうち約75%を廃棄のための作業に費やしていたことがわかりました。そうした現状を変えるため、「廃棄する作業」を「別の商品の生産作業」に転換すべく、従来は廃棄していたりんごを使い、アルコール飲料「テキカカシードル」の製造・販売を開始しました。同園では、廃棄されたはずのりんごの活用を推し進めることで、将来的に年間300億円規模の新市場を開拓できると見込んでいます。

成果 作業の「見える化」で
作業の効率化と新商品の開発が可能に

Digital Transformation

67

ビジネスモデル

メディアを通して顧客とつながり顧客の反応を見ながら商品を開発

販売・サービス

推進企業

yutori

アカウント開設時の状態

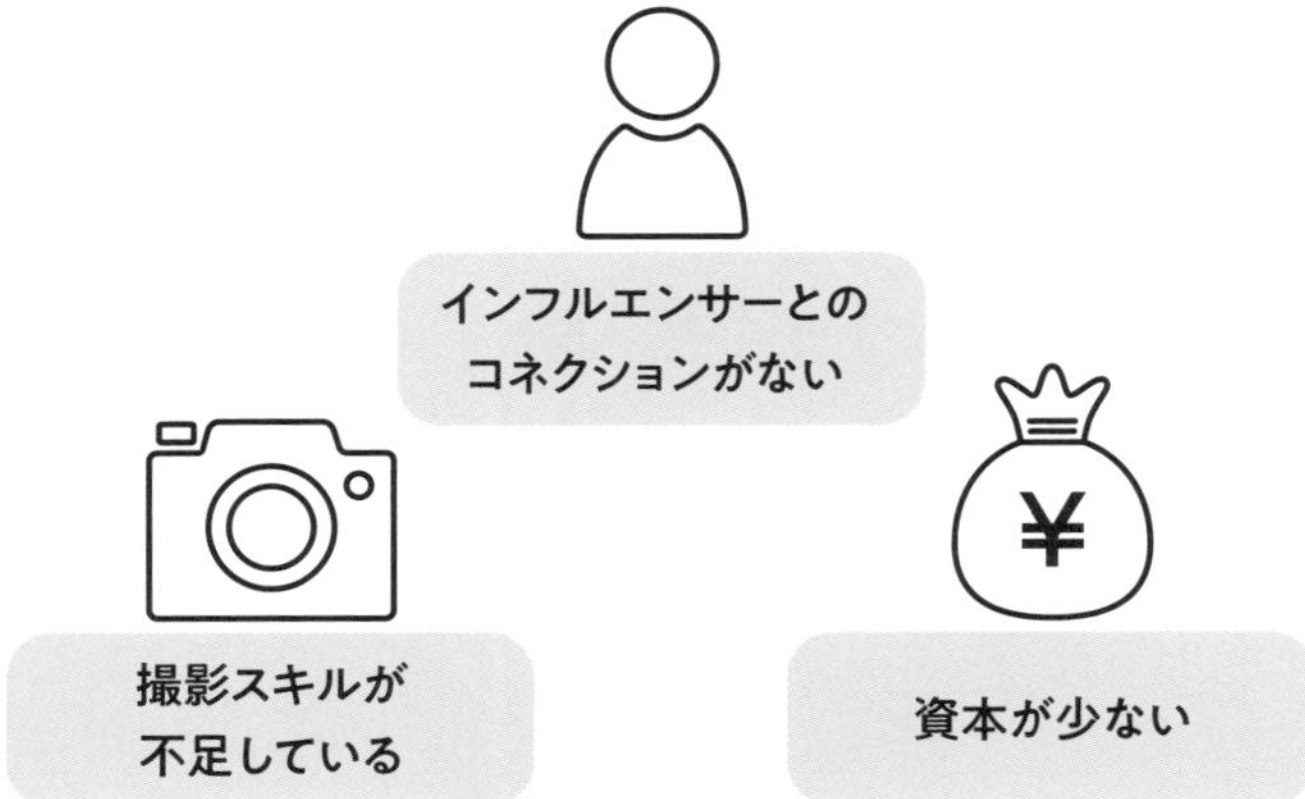
インフルエンサーとの
コネクションがない
撮影スキルが
不足している
資本が少ない

背景　ブランドを立ち上げる資本やコネクションがない

アカウントを成長させてブランドに発展

アパレルブランドを多数手掛けるｙｕｔｏｒｉは、会社を設立する前からインスタグラム上でファッションメディアを立ち上げ、情報発信をしていました。アカウント開設当時は資本も少なく、古着を撮影するスキルもコネクションも十分ではありませんでした。

　そこで着手したのが、**オンライン上でファッションを通じたコミュニティをつくることでした**。マイナーなファッションが好きな人同士がつながれるアカウントを運営することで、フォロワー数は徐々に伸びていきました。

　現在はそのアカウントをきっかけにブランドを展開しています。運営当初はアカウントの趣旨に沿って古着のセレクトを行っていましたが、２０２１年にはオリジナルの商品が８割と、オリジナルブランドとして展開しています。

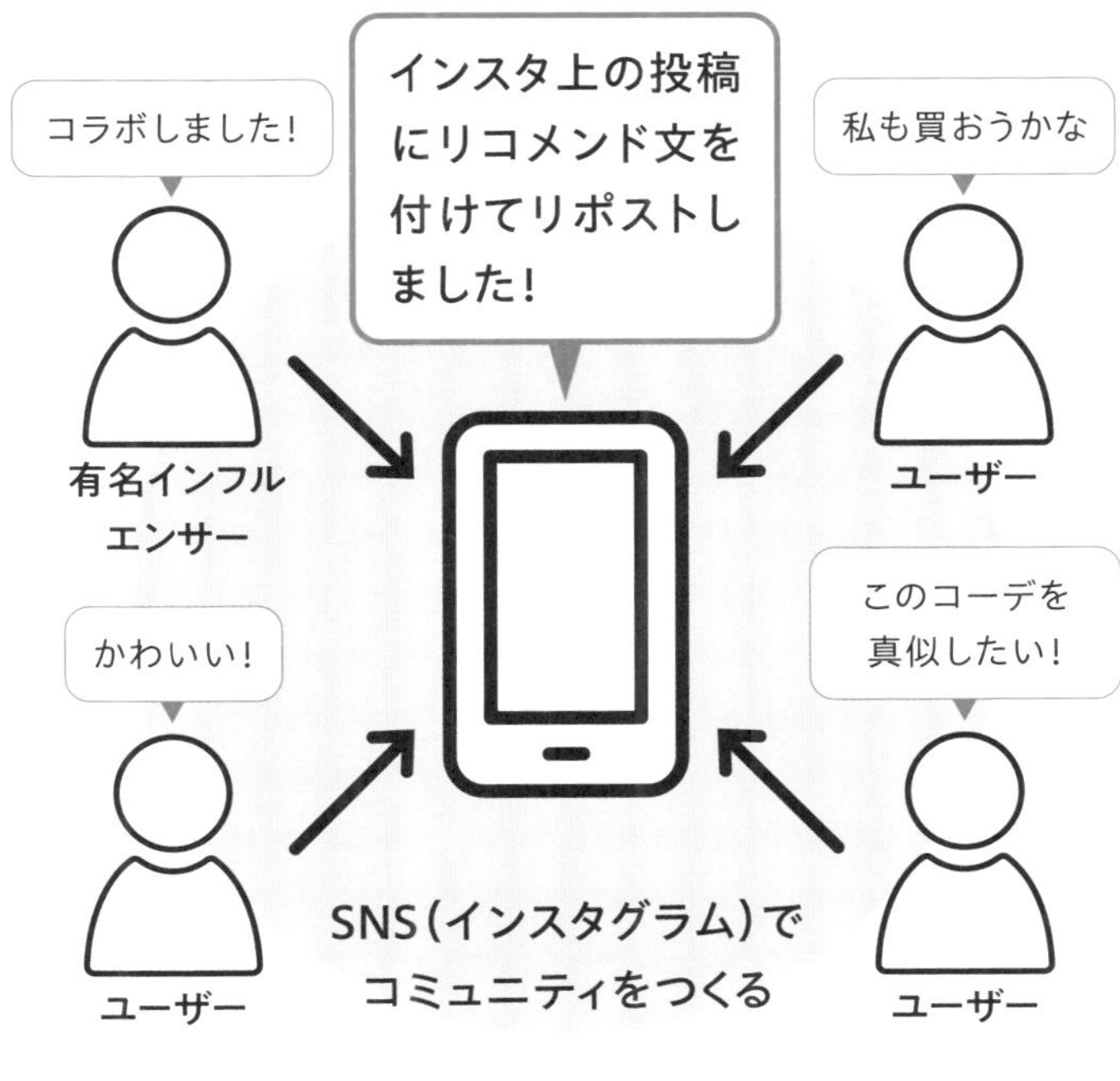

成果　SNSでコミュニティを形成して
フォロワー数を伸ばし、オリジナルブランドを展開

Digital Transformation

68

ビジネスモデル

建設現場の全工程を共有するアプリの開発でCS・ES向上

背景 技能労働者の減少、一般建築のクラウド化・IoT 化が遅れている

顧客と社員の双方に満足されるアプリ

建築業界は、企業の多くが中小企業であることや、技能労働者の減少、下請け構造の複雑化によって、クラウドサービスの推進やデジタル化が進みづらい状況がありました。

陰山建設はそうした状況に目を向け、地元ＩＴベンチャー企業とともに、独自に「ビルモア」というアプリを開発しました。**同アプリは現場状況や進捗率が一目でわかり、カレンダー表示で工程の流れなどを確認できます**。パソコン、タブレット、スマホからアクセスできるため、管理者、担当者に加え顧客も、いつでもどこでも建設の状況を把握できるようになりました。

顧客からは「仕上がりに対する不安が解消された」という声が上がり、社員側からも「受注の機会が増えた」「社内全体の意思疎通が柔軟になった」など、ＣＳ（顧客満足度）とＥＳ（従業員満足度）の両方を高めることができました。

オペレーション

推進企業
陰山建設

デジタル化によるCSとESの向上

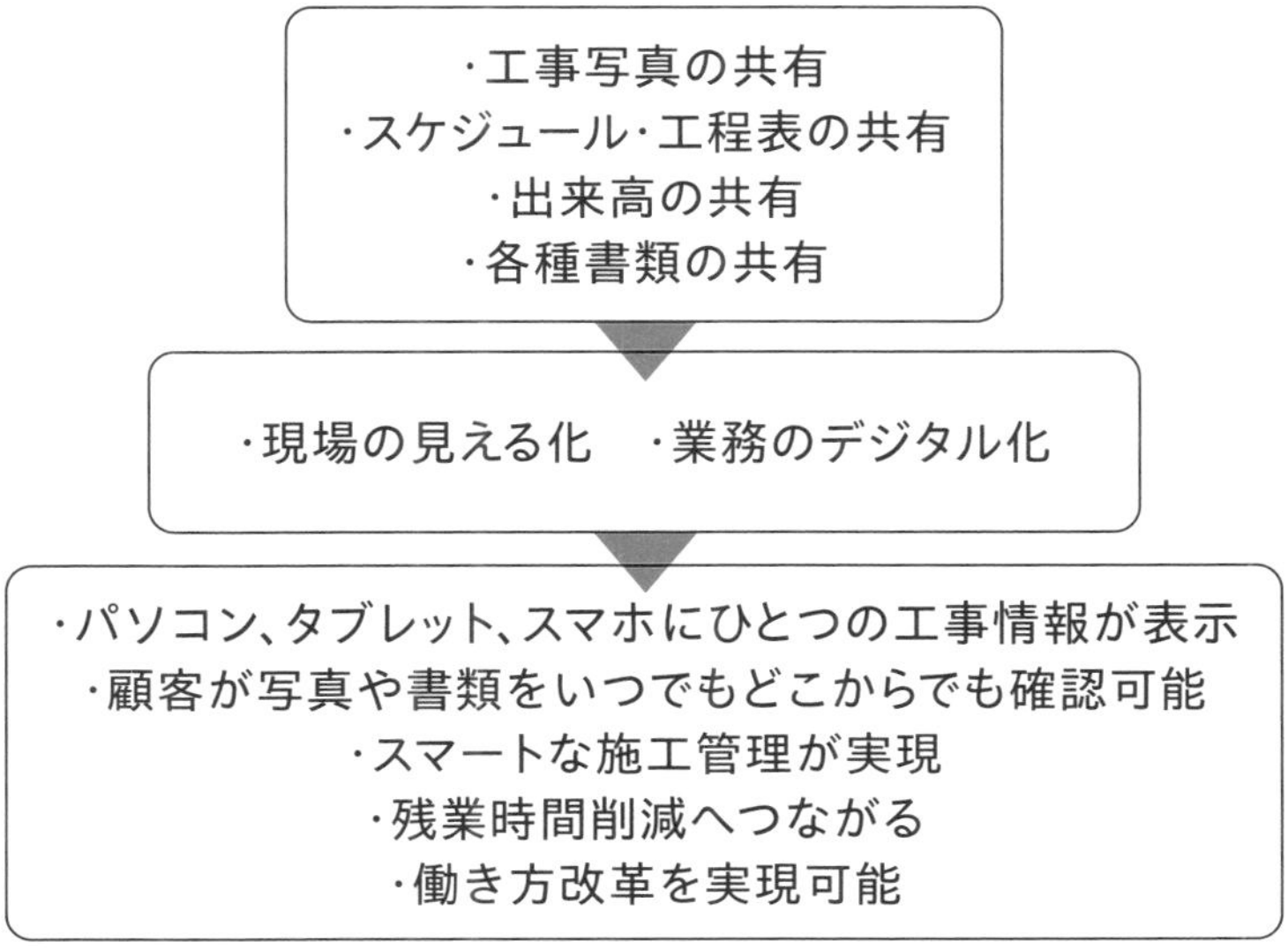

・工事写真の共有
・スケジュール・工程表の共有
・出来高の共有
・各種書類の共有
・現場の見える化　・業務のデジタル化
・パソコン、タブレット、スマホにひとつの工事情報が表示
・顧客が写真や書類をいつでもどこからでも確認可能
・スマートな施工管理が実現
・残業時間削減へつながる
・働き方改革を実現可能

成果 現場状況を可視化できるようになり
顧客・従業員ともに満足度が向上した

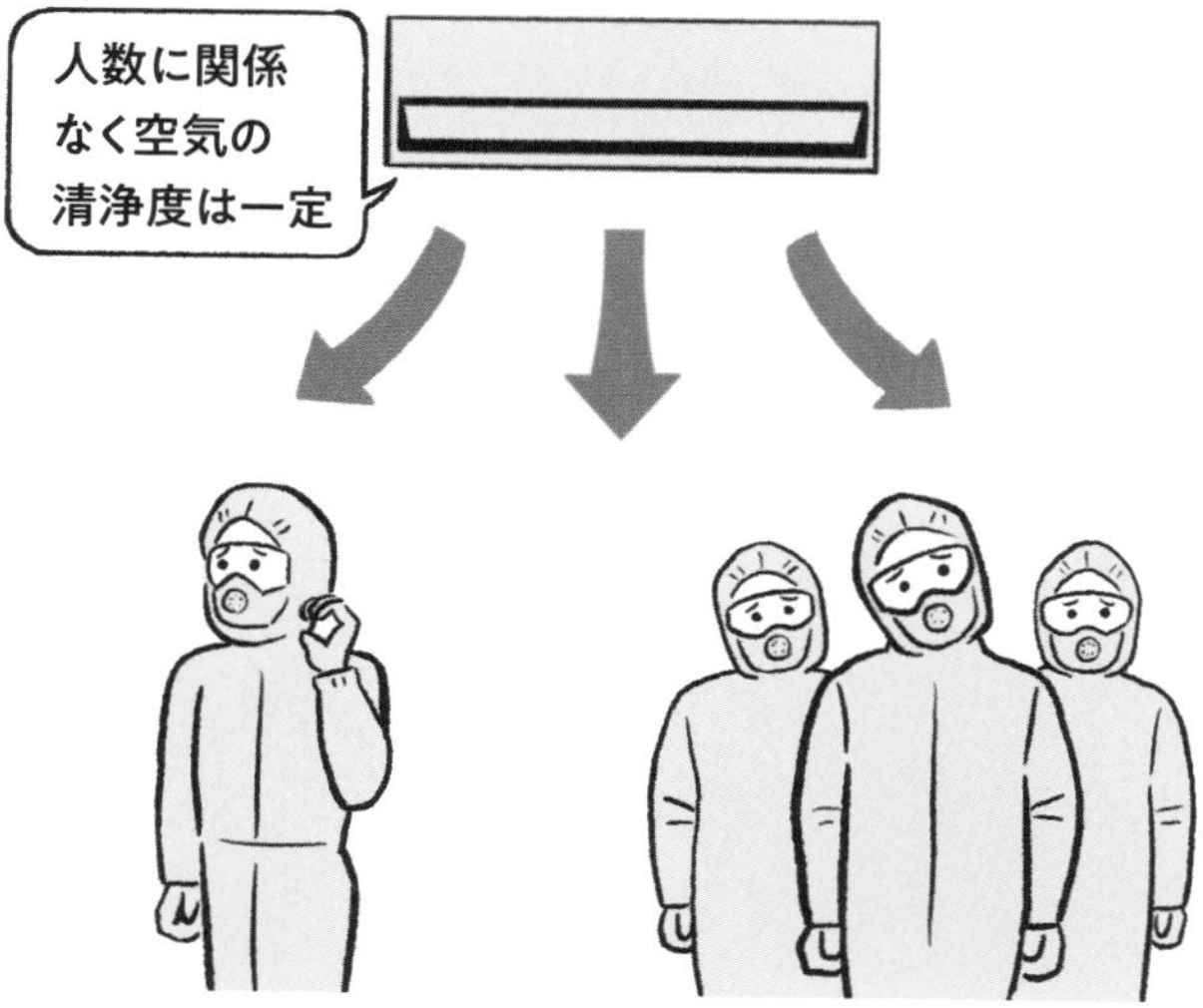

人数に関係なく空気の清浄度は一定

Digital Transformation

69

ビジネスモデル

位置情報を把握して空調や換気設備の運転を制御する

背景　クリーンルーム空調のランニングコストの低減

空調制御システムの一部をAI化し展開へ

清水建設では、クリーンルームの空調負荷を減らすために、AIを利用して自動的に室内の清浄空気の風量を最適化するクリーン空調制御システムを開発し、販売しました。

このシステムは、同社が2019年に開発した省エネ型クリーン空調制御システム「クリーンEYE（アイ）」の空調制御部分にAIの深層強化学習機能を搭載したものです。これにより、**室内の環境データから範囲ごとに清浄度が確認され、運転出力が状況に応じて細かく調整されるようになりました**。

最適な風量を自動的に調整できるようになったため、AI化以前の「クリーンEYE」よりも空調負荷を低減できると期待されており、必要最小限のエネルギーで清浄な環境を維持することが可能です。このシステムは他業種へも応用され、半導体製造ラインへの展開を予定しています。

生産・製造

推進企業

清水建設

深層強化学習AI

・仮想空間上での事前学習をインプット
・センサーから受け取ったデータをインプット

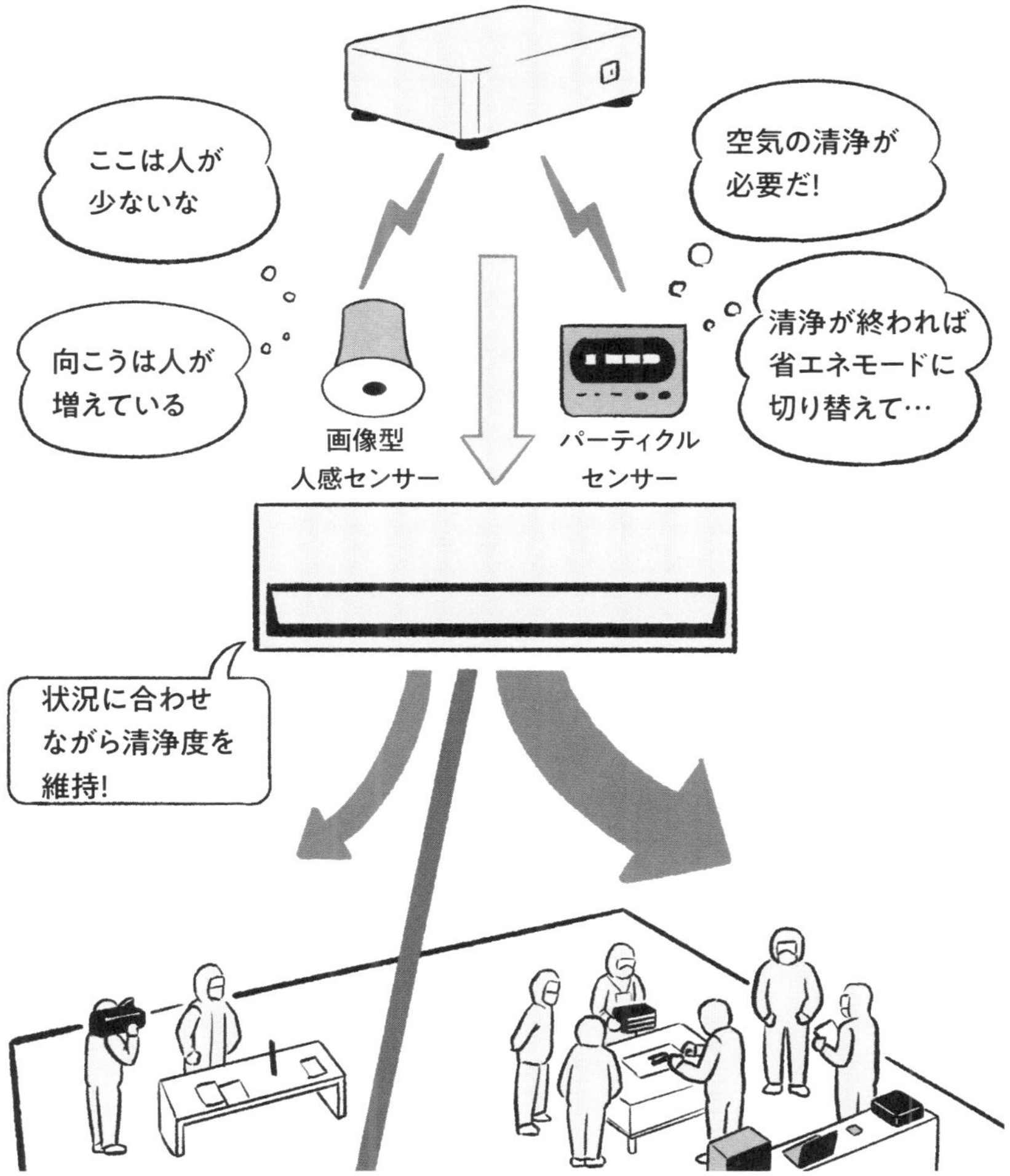

成果　AIの深層強化学習機能を搭載した空調制御システムの他社への販売

Digital Transformation

70

ビジネスモデル

自社のDX経験から新設したコンサル事業で地域活性化

システム導入後の
業務フローと権限管理
ですが……
二度手間が
なくなりますね
○○不動産

成果　自社のノウハウを活かして
地域の中小企業の業務効率化に貢献

地域の中小企業の業務効率化を推進

人口減少が進む長崎市で不動産事業を展開する福徳不動産は、社内の業務効率化を図るべく、自社でクラウドシステムを構築しました。**その際に社内で培ったノウハウを活かし、地域の中小企業へのコンサルティングを開始**。これまでのシステム構築の経験で、RPAやSalesforce、サーバーのネットワークセキュリティなど幅広い分野の対応が可能になった同社は、業務効率化で悩んでいるさまざまな企業からコンサルティング業務を受注し、その結果、約10カ月で6社の業務効率化を推進することができました。

同社は、長崎市の中小企業の業務効率化を推し進めることで地域活性化につなげていくことをビジョンに掲げています。

経営企画

推進企業
福徳不動産

Digital Transformation 71

ビジネスモデル

IoTで3社をつなげ！顧客ニーズへの迅速対応を実現

生産・製造

推進企業
今野製作所／西川精機製作所／エー・アイ・エス

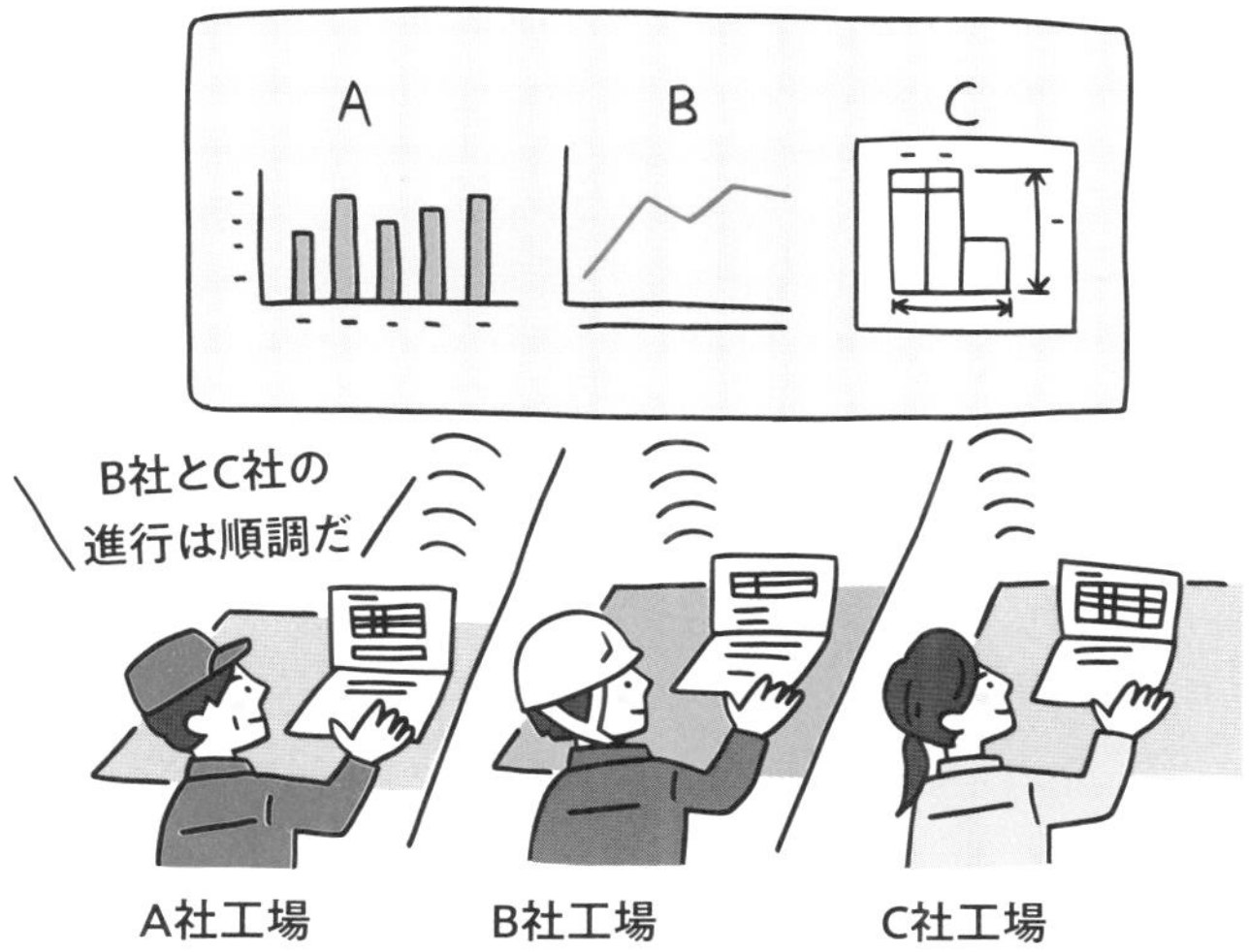

成果　工程をリアルタイムで共有しながらスムーズに作業できる

IoTで互いに生産状況を把握

今野製作所、西川精機製作所、エー・アイ・エスの3社はいずれも金属加工の会社ですが、異分野の製品を扱っていました。その3社がひとつとなって、それぞれの得意分野を活かし、顧客の要望に合った製品づくりを展開していましたが、合同で製作していくなかでお互いの生産状況が把握できず、納期に余裕を持たせなければならない問題を抱えていました。

そこで、情報連携ツール「コンテキサー」を導入しました。これまで、見積書や発注書はFAXと電話・メールでやり取りしていましたが、同アプリ導入後は、**作業工程などを編集したデータや図面などの情報を、各工場でリアルタイムで共有できるようになりました**。結果、納期の短縮につながり、効率よく連携作業ができるようになっています。

Digital Transformation

72

ビジネスモデル

会計業務の効率化で販路拡大や新規事業創出の時間を捻出

全社／管理／経理

推進企業

イズミダ

成果　財務の時間を短縮したことで販路拡大に注力できるようになった

経理処理の電子化で労働時間削減

鮮魚の卸売・小売、水産加工を行うイズミダでは、かつてひとりの経理担当者が休日も返上して受発注や伝票作成などを紙ベースで行っていました。なおかつ、税理士事務所から届く月次決算書は2カ月のタイムラグがあることから、リアルタイムで経営状況を把握することは困難でした。

そこで、同社はクラウド会計システムを導入しました。**会計システムにクレジットカードをひもづけたり、店舗レジをｉＰａｄに変えたりすることで、クラウド上で財務状況を可視化できるようにしました**。こうした経理業務の効率化・ペーパーレス化によって経理の処理時間を50％削減できました。

時間に余裕ができたことで、同社はＷｅｂ販売などの販路拡大を進めています。さらに、その日の旬な魚や惣菜を販売する店舗を開くなど新規事業の取り組みを積極的に行っています。

Digital Transformation

73

ビジネスモデル

マッチングサービスの利用で小ロット・短納期を実現

生産・製造

推進企業　モードレディース

成果　業務短縮化・受注増加などで事業拡大のスピードが上がる

顧客ニーズに対応しつつ業務フロー改善

アパレル業界では、低価格・高品質を謳う海外のサプライヤー（縫製工場など）が多く、国内のサプライヤーは価格競争に追われていました。また、ユーザーの細かいニーズに応じるため、短期間で少数の納品が求められます。婦人服の縫製加工業を行うモードレディースも、そうした時流に対応するため、業務の短縮化や業務フローを改善する必要がありました。

そこで同社は、**ブランドと約1900のサプライヤーをマッチングできる「sitateru CLOUD」の利用を開始**。このサービスにより、「新規案件の受注増加」「生産管理業務の情報の一元管理」「脱アナログ業務フロー」という3つの点から業務を改善でき、小ロット・短納期での納品を実現しました。

また、マッチングの仕組みが広まることでブランドとサプライヤー双方の事業拡大にもつながります。

Digital Transformation

74

ビジネスモデル

文房具店からDX支援カンパニーへの変革

DX 体験ツアー
動画で解説しましょう
どうデータを共有していますか
これでオンライン商談をしています
これは便利ですね

成果　DX体験ツアーによるDX支援を行い新たなビジネスモデルを確立

ペーパーレス化の推進とテレワークの導入

高山は、1946年に文房具販売店として創業されて以降、時代のニーズに合わせ、ITネットワーク構築、サイバーセキュリティなどの新事業を打ち立ててきました。しかし、コロナ禍などの外部環境の変化により、既存の働き方で既存事業を行っていては限界がありました。

そこで、**kintoneを使って日報、案件データベース、稟議・承認などの作業をすべてデータ化し、紙ベースによる作業からの脱却・業務の効率化を図りました。**加えて、SNS、オンラインセミナー、メールマガジンを活用し、マーケティングを仕組み化することに成功しました。

こうして蓄積されていったDX推進のメカニズムを広めるため、同社は「DX体験ツアー」を開始。他企業のDXを支援するとともに、新しいビジネスモデルの確立に成功しました。

経営企画

推進企業

高山

Digital Transformation

75

ビジネスモデル

カーボンニュートラルの実現に向けてCO2の排出量を可視化

A装置を入れるとCO2が減るな
計測
CO2排出量を計測

成果 システム開発により、人手をかけず10分ごとにCO2排出量が計測可能になった

管理

推進企業
旭鉄工／i Smart Technologies

ＣＯ２排出量計測システムを開発・提供

産業界において、カーボンニュートラル（ＣＮ）の実現に向けた対応は喫緊の課題となっています。旭鉄工はトヨタ自動車の一次仕入先であり、ＣＯ２排出量は年間１万４０００トン前後。そのうち95％は電力と天然ガスの使用によるものです。

そこで同社は、i Smart Technologiesと共同で製造モニタリングサービス「i Xacs」を開発しました。このサービスを使えば、**電力使用量とガスの使用量を自動で計測し、CO2排出量に変換し、10分ごとに集計できます**。人手をかけることなくスマホでＣＯ２排出量を表示・確認ができるうえ、各種施策の効果確認も負担なく行うことが可能になりました。

このサービスを用いて、22％の電力使用量の低減、また、年４億円の労務費削減に成功しました。i Xacsは機械を選ばず導入できるため、現在２００社以上に提供されています。

Digital Transformation

76

ビジネスモデル

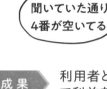

マッチングサービスで倉庫の空きスペースを収益化

成果 利用者と提供者のニーズに合った倉庫提供で利益を得られる

倉庫提供者と利用者をつなぐWareX

茨城県を中心に全国展開する物流会社みなと運送は、倉庫の活用方法で、ある課題を抱えていました。同社つくば支店にある倉庫は、常に荷物を保管するタイプではなく、荷主からの依頼に応じて入荷、梱包、出荷する〝スルー型倉庫〟でした。そのため、物流量が少ないときは収益にならない「空きスペース」が多々発生していました。

そこで同社は、**空きスペース活用のため「WareX」を導入しました**。これは、条件の合う荷主（倉庫利用者）と倉庫提供者をマッチングさせるサービスです。はじめから利用者のニーズと提供者のニーズが合致して手続きが進められるため、利用者との交渉を最小限にすることができます。

その結果、「荷主からの依頼待ち状態」から、主体的に利益を獲得するビジネスモデルへ転換できるようになりました。

物流

推進企業

みなと運送

第7章

業務プロセスが変わる

アナログな業務フローでは
非効率的な働き方をしている可能性があります。
業務の流れや手順、ルールが変わり
業務が効率化した事例を紹介します。

Digital Transformation

77

業務プロセス

物件の仕入れ業務の工数を3分の1に削減

アナログな媒体の利用

・資料
・FAX
・電話
・物件のチラシや広告

アナログ媒体のため発生する作業

・紙の資料での物件説明
・紙の資料の作成・印刷

ひとつの商談の準備に20分かかる

背景　物件の仕入れの作業がアナログで管理に手間がかかる

画像認識技術の導入

不動産業界では、今でも紙の資料やFAX、電話など、アナログな業務が多く残っています。物件を仕入れる際の情報収集も例外ではなく、チラシや手書きの物件広告に頼ることが一般的であり、そのフォーマットもバラバラです。

そこで、GA technologiesでは**画像認識技術（OCR）を導入し、チラシや広告を自動的に読み取り、データベース化する仕組みを構築しました**。この仕組みにより、バラバラなフォーマットの情報を統一されたデータベースに収めることができ、さらには物件資料の制作を自動化することができるようになりました。この技術によって、アナログな資料をデジタル化し、顧客に提供する工程を任せることで、物件の仕入れ業務の手順を3分の1にまで削減することができました。それにより、社員の業務効率化が図られています。

営業

推進企業

GA technologies

成果 画像認識技術で必要な情報を自動でデータベース化

Digital Transformation

78

業務プロセス

デジタルツール20個を組み合わせ自走組織としての体制を確立

オペレーション／物流

推進企業

小田商店

背景　社員が指示待ちをせず自ら行動できる自走組織の構築と、業務の効率化が必要

社全体が働きやすい環境を重視

小田商店の社長である小田大輔氏は、「自身が楽しく生きること」「社員が自分から行動する自走組織にすること」を目標に、テクノロジーを活用した業務の効率化を実施しました。

具体的には、**毎朝全社員が自社アプリで売上レポートを確認したり、すべての商品にバーコードを付け、スマホでバーコードを読み取るだけで注文時の作業が完了するようにしたりしました**。さらに、パソコン1台でサーバーやストレージなどを利用できるクラウドサービス、AWSを活用することで、価格決定や受注予測など経営面での重要な判断もしやすくなりました。加えて、「社員のチャレンジに社長が口を出さず、積極的に取り入れる」という姿勢が、新しいツールを導入しやすい風土をつくりました。その結果、社員数をほぼ変えずに作業時間を短縮し、1億円を超える増益となりました。

成果 デジタルツールを適所に使って作業時間を短縮して利益増。
社員の自主性が伸びて自走組織としての体制を確立

Digital Transformation

79

業務プロセス

酪農生産技術にIoTやAIを融合させ高生産性を実現

デジタル化した新しい牛舎で業務を最適化

2014年以降の10年間で、乳用牛の生産者戸数が20％減少するなど、中小規模の酪農家が離農する傾向にあります。その原因として長時間労働、生産性の低さなどが挙げられます。この問題解決のため、ファームノートホールディングスは最新の搾乳ロボットなどを導入した新しい牛舎を建設しました。

新しい牛舎は、**すべての作業をひとつの場所で完結できるように設計されました**。クラウドカメラによるリアルタイムな牛舎の観察、牛の栄養状態の分析などが可能となり、総労働時間は同規模の牧場と比較して約3分の1の時間で作業が行える見込みです。

さらに、搾乳作業の自動化や整備されたマニュアルにより、従業員のスキルに依存せずに業務を再現できるため、業務の最適化と従業員教育の効率化につながります。

酪農業界の状況の悪化

・生産性が低い
・長時間労働を強いられる
・設備投資の負担が大きい

▼

中小規模の酪農家が離農

2014年以降の10年間で、乳用牛の生産者戸数が20％減少

背景　酪農業界全体の生産性が低く離農する酪農家が増えている

オペレーション

推進企業
ファームノートホールディングス

成果 従業員のスキルに依存せず業務の最適化が図れる

Digital Transformation

80

業務プロセス

IoTで劣化具合のデータを収集し計画的な機器保全を行う

オペレーション

推進企業

ブリヂストン

背景 タイヤ交換の時期を予測できず急な交換が発生する

データからタイヤ交換時期を予測

航空機用タイヤの交換は通常、航空機が数百回の離着陸を行うごとに行われます。しかし、タイヤの摩耗速度は使用環境によって異なるため、急なタイヤ交換が発生したり、交換時期が集中したりするという問題が発生していました。

この問題を解決するため、ブリヂストンは**航空機に関するデータと同社が持つ知見やAIなどのデジタル技術を活用して、タイヤの摩耗予測技術を開発しました。**

この技術により、航空機とタイヤの2つのデータを組み合わせてタイヤの交換時期を予測することが可能となりました。結果として、タイヤの在庫削減や航空整備作業の効率化に成功しました。また、必要なタイヤの数を正確に把握できるようになったことで、タイヤの生産や使用過程で発生していたCO2排出量の削減にも貢献しています。

成果 計画的に整備の計画が組めるようになり、
CO2 の削減にも貢献

Digital Transformation

81

業務プロセス

AIとIoTで低価格かつ最良の福祉給食を提供

今日中に献立を決定しないと
○○さん 酢豚つくるのはじめてじゃない?
教えてください〜
それはね〜

背景　作業の標準化が難しく生産性が上がらない

IoTによる作業分析で生産性向上

給食を主力とする食品製造会社であるフレアサービスは、商品の特性上、毎日異なる工場で料理や商品を製造しています。このため、作業の標準化が難しく、人手不足による人件費の高騰や厳しい経営状況に直面していました。

そこで、生産性を向上させるために、**工場の天井にロケーターと呼ばれるセンサーを取り付け、作業員の帽子にタグを装着しました**。これにより、作業員の動線を観測し、1日の稼働時間や準備・移動時間を可視化することが可能となりました。その情報をもとに、準備や移動にかかる時間を効率化し、作業時間を増やすためのさまざまな改善を行いました。

その結果、準備・移動に要する時間を8%削減させることができました。さらに、月間の労働時間を約200時間削減し、月額の人件費を約20万円削減することに成功しています。

生産・製造

推進企業

フレアサービス

成果 準備・移動にかかる時間を削減
作業時間を増やすことに成功

Digital Transformation

82

業務プロセス

ノーコードツールで経理業務の脱属人化

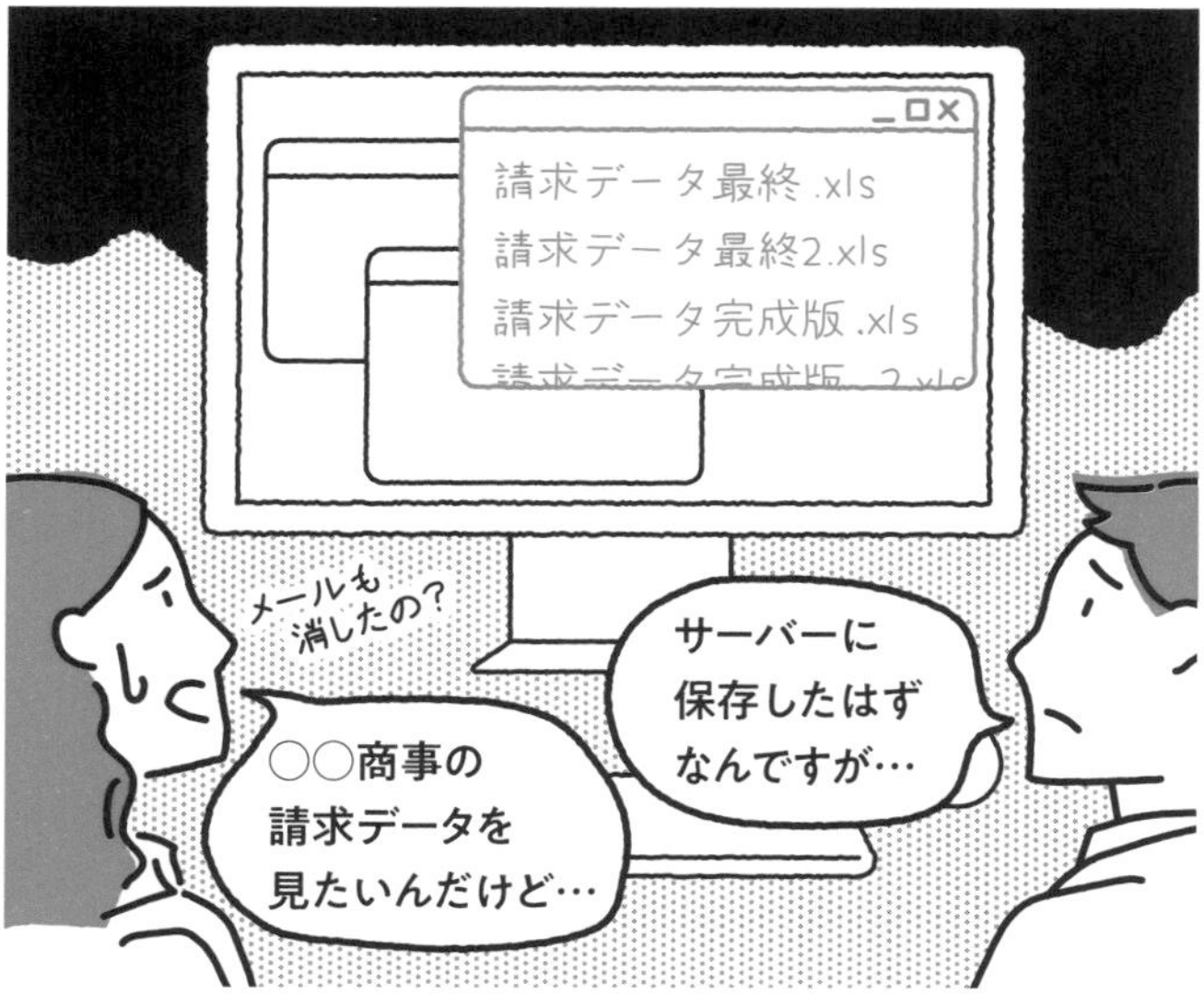

背景　データ管理が非効率で属人化してしまっている

データ管理の整備で効率化

自動車用小物プレス部品の製造を行う住野工業。同社の経理部では、個人任せのデータ管理が問題となっていました。具体的には、①データの保存場所が作成者以外にわからないこと、②定期的にメールが削除され、取引先や社内の連絡履歴が残っていないこと、③データを紙のファイルで保管してきたこと、が管理上の問題として挙げられます。

これらを解決し、属人化の脱却と作業の標準化を図るために、**コードを書かずにアプリを構築できるkintoneを導入しました。**このシステム導入により、従来は個別に管理されていた業務内容やデータの集計が理解しやすくなりました。また、紙やメールでの管理では共有が難しかった作業やデータも共有することができるようになりました。さらに、作業に不慣れな新入社員でも迅速に対応できる業務体制が整いました。

管理／経理

推進企業

住野工業

kintoneのアプリで作業項目を標準化

When いつ	**Where** どこで	**Who** 誰が
What 何を	**Why** なぜ	**How** どのように

5W1Hが明確になる形で
作業やデータを標準化しメンバーと共有

成果 情報の集計がスムーズで
新入社員でも速やかに対応可能になった

Digital Transformation

83

業務プロセス

業務にフィットしたアプリをノーコードで手作り

背景 紙中心の情報管理でトラブル時に迅速に対応できない

ノーコードで現場に合ったアプリ作成

熊本県小国町では、災害時に寄せられる情報を模造紙に記入して災害対策に対応していました。しかし、そうしたアナログな対応では災害時に迅速な報告が求められる場面では業務が追いつかないという問題がありました。

その反省を踏まえ、**コードを書かずにアプリが作成できるクラウドサービス「Ｐｌａｔｉｏ」を導入し、災害時の避難報告アプリを開発しました。**このアプリを利用することで、さまざまな災害情報をクラウド上で災害対策本部や避難所と共有できるようになりました。実際に、２０２１年８月に水害が発生した際は迅速な対応を行えました。

さらに、Ｐｌａｔｉｏは災害時の状況報告だけでなく、公用車管理などさまざまな場面で活用されており、行政内部の効率化や住民サービスの向上にも役立っています。

オペレーション

推進団体

熊本県小国町

アプリによる報告

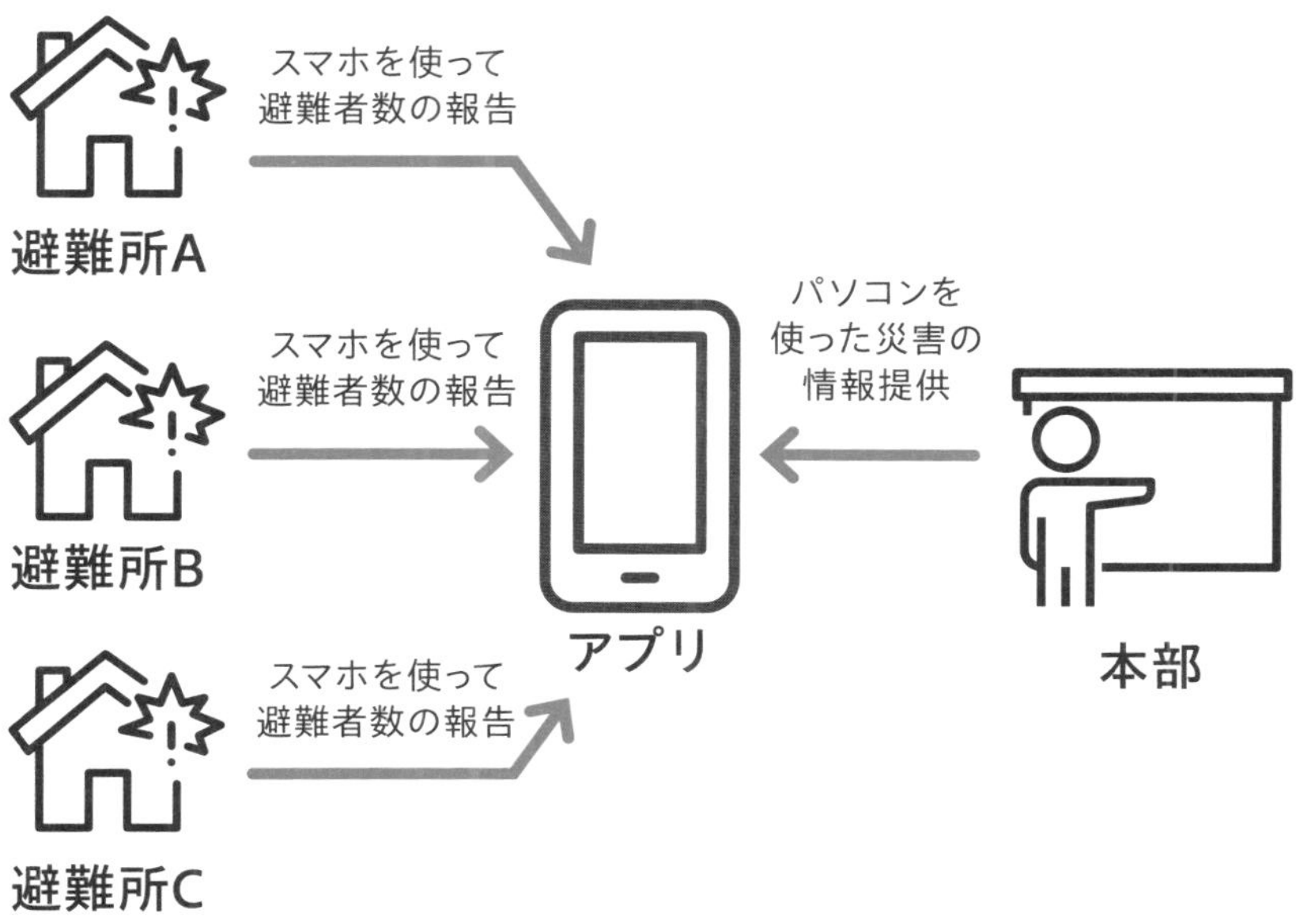

成果 ノーコードツールでのアプリ作成で迅速な対応が可能になった

Digital Transformation

84

業務プロセス

職人の勘と経験をデータ化して日本酒の安定供給に成功

生産・製造

推進企業

旭酒造

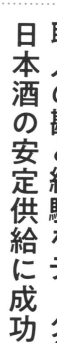

背景 杜氏(とうじ)・蔵人(くらびと)が経営不振で退社してしまった

杜氏・蔵人不在でも勘と経験を活用する

旭酒造は1990年に、東京向けの新しいプライベートブランド「獺祭(だっさい)」という純米大吟醸を開発しました。従来、日本酒の製造では外部の専門職人である杜氏(とうじ)と呼ばれる人を雇い、蔵人(くらびと)と呼ばれる職人が仕込みを手掛ける杜氏制度が一般的でした。しかし、経営不振のため杜氏と蔵人が退社してしまいました。

そのため、同社は精米や麹(こうじ)造り、仕込みなど、日本酒の全工程を研究し、**杜氏が考えていた美味しいお酒をつくる最適解をデータ化しました**。データや機械作業では難しい細かい作業は手作業で行っています。

データの活用により毎年変わらない品質を再現することに成功しました。さらに、2005年からは海外市場にも進出し、2022年現在、海外での売上が国内を上回っています。

伝統的な日本酒のつくり方を変える

外部の専門職人や蔵人もいなくなったため、
製造過程を自社の社員が担った

↓

液体を発酵させる時間や温度経過をデータ化し、
集計・分析する

↑

データの記入はあえて手書きで行うことで、注意深くデータの変動を“読める”ようにしている

＋

日本ではじめて遠心分離機を導入し、生酒を製造する

↓

品質が一定した商品を提供

成果 酒造りの最適解を見つけ
毎年変わらない品質で提供することに成功した

Digital Transformation

85

業務プロセス

データ共有の簡素化で広告投資の効率化・営業活動の活性化

背景　広告・営業業務の効率化が必要

クラウド化で業務効率化を推進

住宅業界では業務の効率化とストック型ビジネスの導入・強化が必要と考えられています。住宅メーカーであるロゴスホームはこの課題に取り組み、クラウド化を推進しました。

まず、**広告運用に使用していたＥｘｃｅｌをＧｏｏｇｌｅスプレッドシートに統一し、営業支援ソフトであるSalesforceとデータの直接的なやり取りを行う体制を整える**ことで、費用対効果を高精度で測定可能にしました。また、営業プロセスの効率化にも同ソフトを活用。商談進捗のプロセスの標準化などを通じて、営業担当者の業務効率化を実現しました。

この導入により、Ｅｘｃｅｌシートの数は２００以上削減され、週ごとの作業時間は33時間削減されました。また、営業担当者が適切な案件を見極めることで、リフォームなどのストック型ビジネス展開につなげることができました。

営業

推進企業

ロゴスホーム

広告のデジタル化による集客数と単価

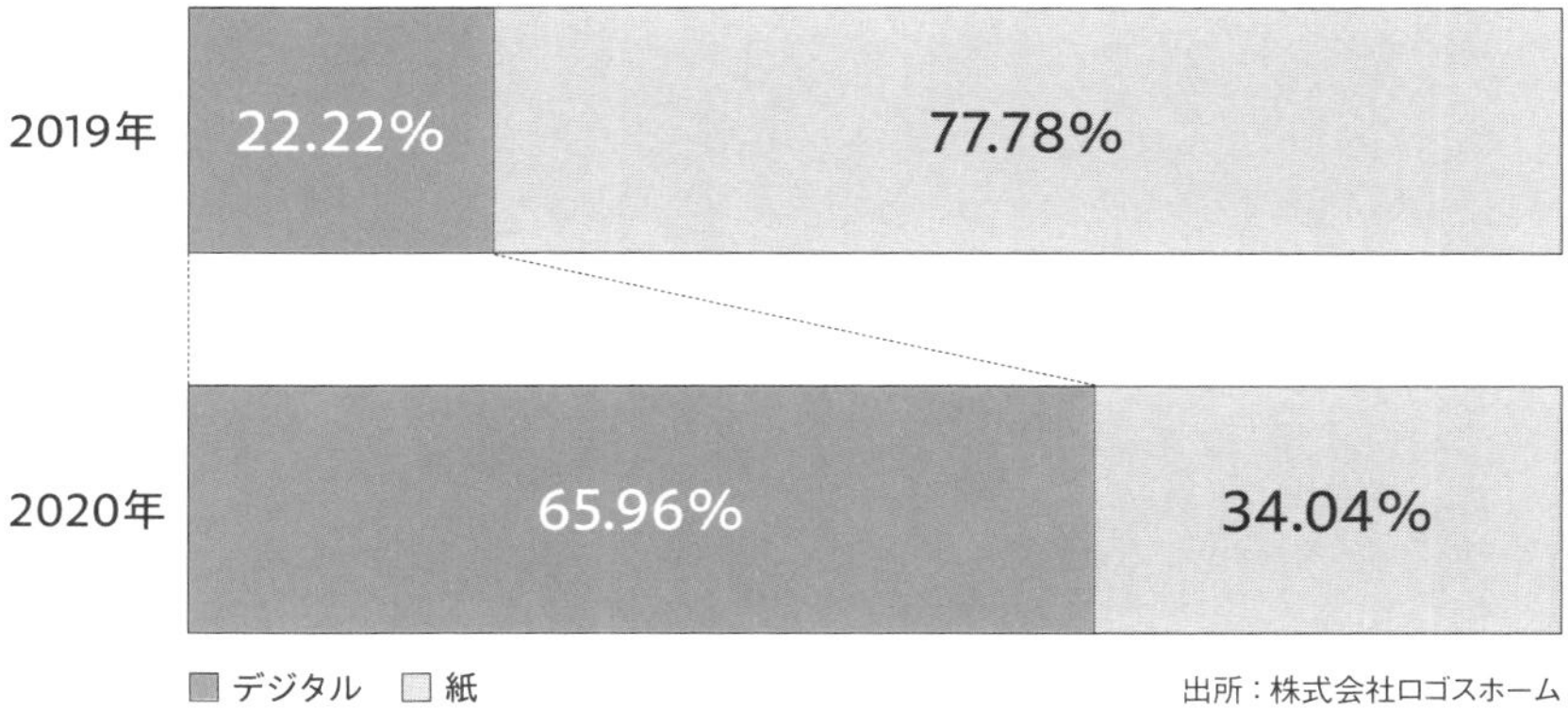

出所：株式会社ロゴスホーム

2019年

集客数：45
集客コスト（単価）：3万7000

→

2020年

集客数：47
集客コスト（単価）：1万1000

成果 クラウド化を推進することで
広告運用・営業プロセスの最適化が実現した

Digital Transformation

86

業務プロセス

多言語化ソリューションで素早い商品情報の更新を実現

背景 海外販売の対応、販促の検討

サービスを活用し越境ECに取り組む

アパレルブランドを運営するシャルズは、海外のＥＣ化率の上昇をビジネスチャンスと捉え、海外販売の対応強化を検討していました。また、海外ユーザー向けの販促方法についても決定に迷っていました。

そこで同社は**WorldShopping BIZを導入しました**。英語や中国語といった外国語に対応させる「多言語化ソリューション」だけでなく、海外専用のショッピングカートに対応することができます。さらに、海外の顧客がサイトを開くと自動的にポップアップが表示される仕様となっており、細かい設定は不要です。このサービスの導入により、越境ＥＣ（インターネット上で海外への販売を行うこと）を開始するタイミングを逃すことなく、海外販促の展開に成功しました。

販売・サービス

推進企業

シャルズ

WorldShopping BIZ導入による成果

顧客側

- ウェブサイトの多言語や海外専用のショッピングカートに対応している
- 海外の顧客がサイトを開くと自動的にポップアップが表示される

運営側

- 配送地域のフィードバックにより、どの地域からの注文なのかがわかる
- アイテム説明を自動翻訳してくれるShutto翻訳の使用
- SNS投稿で英語でのハッシュタグを追加
- 配布可能なクーポン機能を適用した販促を2週間実施

成果 多言語化ソリューションにより越境ECの加速に成功

Digital Transformation

87

業務プロセス

地域全体がひとつのクラウドでつながり分業のメリットも活かす

購買／生産・製造

推進企業
新潟県燕市の金属加工会社

背景 企業間の連携の方法がアナログ主体で非効率的

企業間の連携をクラウド上で行う

新潟県燕市では、製品の製造において、複数の企業が各工程を分担する分業体制が確立されています。分業によって生じる業務は、FAX、電話、紙の帳簿作成など、アナログな作業が主体です。今後、労働人口が減少するなかで各企業が業務を継続するためには、効率化が課題となっていました。

しかし、連携において、1社だけがデジタル化に取り組んでも意味がありません。

そのため、地域全体の企業がひとつのクラウド上で連携できる仕組みが開発され、**企業間の受発注などの取引業務を、リアルタイムでデータ交換できるようにしました**。

その結果、受発注業務にかかる時間を約70%削減することが可能となり、また、ペーパーレス化によるコスト削減など、さまざまな業務やコストの削減が実現しました。

業務のやり方や様式を統一

- ・受発注や製造進捗、入出荷情報をデータ管理
- ・企業間でのリアルタイムな情報の共有
- ・各企業で活用される業務システムデータの連携
- ・過去の取引情報や自社での情報による簡易検索

成果 地域全体の企業がひとつのクラウド上で連携し、
受発注業務の時間を約70%削減しペーパーレス化も進んだ

設備状況を可視化し、腐食度合いなどを判定

成果　データをもとに状況を共有し
修復の計画を立てられるようになった

データ分析による劣化確認作業で負担減

従来の東北電力では、送電鉄塔の劣化確認の作業は現場担当者が目視で行っていたため、膨大な時間がかかり、かつ担当者の経験に頼っていました。そこで、確認作業の属人化を防ぐため、建物の劣化度判定サービス「ＴＨＥ ＪＵＤＧＥ」を導入しました。

同サービスは、**スマホやドローンで送電鉄塔の写真を撮るだけで、どの部分がどの程度劣化しているかを簡単に確認できます**。データ分析により、経験だけでは見落としていた部分の確認も可能です。また、設備の状況が可視化されるため、現場担当以外の人もデータに基づいて修復の計画を立てることができ、作業が効率的に進むようになります。

データをもとに関係者全員で設備の状況を共有し、より確実かつ迅速に業務を遂行することができます。

オペレーション

推進企業
東北電力

ロボットで配管内の情報を取得し、図面作成、配管工事を円滑に

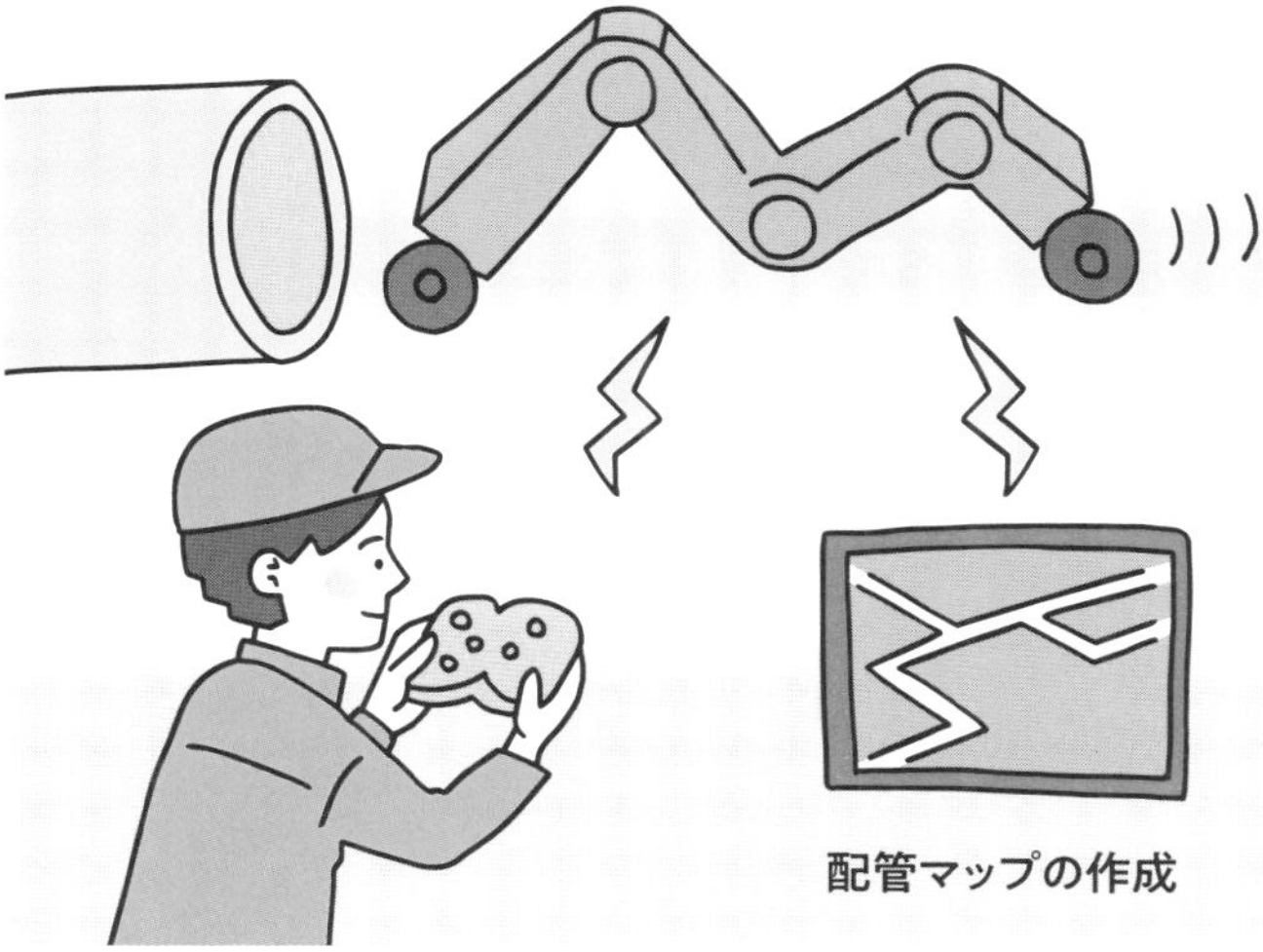

配管マップの作成

成果 配管内調査で図面を作成できるようになり工事がスムーズになった

配管内に入ったロボットがマップを作成

弘栄ドリームワークスでは、配管工事の際に、必要な建物の図面が存在しなかったり、更新されていなかったりするために、配管工事がスムーズに進まないという問題がありました。この問題を解決するため、同社は配管内を自走できるロボット「配管くん®」を開発しました。

「配管くん®」は、姿勢を変形したり回転したりすることができます。そのため、**搭載されているカメラを使用して気になる箇所の映像を確認することができるのです**。さらに、撮影したデータをもとに配管図を作成したり、走行経路をマッピングしたりすることができます。

そのため、建物の図面がなくても配管内探査ロボットを活用することで図面を作成することが可能となり、配管工事をスムーズに進めることができます。

オペレーション

推進企業
弘栄ドリームワークス

Digital Transformation

90

業務プロセス

設計業務のアルゴリズム化・デジタル化で配管設計業務を効率化

生産・製造

推進企業

PlantStream

配管の設計図をつくりました
配管の様子

成果　設計にかかる時間や工数の大幅な削減に成功した

ソフト開発で劇的に時間を短縮

プラント（工場設備）の配管設計業務は、細かな設計ルールや熟練の経験に基づいて行われているため、ひとつの設計に数十万時間かかることがあり、何百人もの社員が設計業務に時間を割かれていました。それら多くの社員が長時間労働を強いられ、仕事と家庭を両立できずにいました。そこで、これまでの大人数での設計業務を解消するためにソフトウェア「PlantStream」を開発しました。

このシステムは、**熟練のエンジニアたちのノウハウをデータ化しており、従来は配管1本の設計に2時間かかっていたところを、1000本を1分で設計できるようになる**など、劇的に時間が短縮されています。また、これまで1本ずつ設計していたものを同時に複数進めることができるようになり、設計工数の大幅な削減にも成功しました。

顧客体験
組織・文化
情報共有・意思決定
働き方
従業員体験
ビジネスモデル
業務プロセス
地域

一気通貫生産システムで高収益率の短納期製造を実現

営業・製造

推進企業
上和電機

成果 人、モノ、情報の流れを安定させ効率よく生産できる

ペーパーレス化から着手

配電盤の製造・販売を行う上和電機は、過去、経営が軌道に乗らず債務超過に陥ったことがありました。経営状態を改善するため、収益率の高い「1カ月以内の短期受注」の増加、また、それに対応できる仕組みの整備が必要でした。

そこで、同社で取り入れられたのが「一気通貫生産システム」です。これは、**顧客から受けた製作指示を、各工程の担当者に一気に伝達・指示する生産方式のことです**。

最初はペーパーレス化から始めました。紙の文書はスキャンしてPDF化し、パソコン上ですべて保存。Ridoc文書管理サービスを使い、見積もりから売上処理まで、社員全員が閲覧できるようにしました。製造現場の社員も取引先と営業の打ち合わせ内容を把握できるようになったため、工程を先取りで進められ、余裕を持って作業を進められるようになりました。

クラウドとRPA活用でデータを一元管理し業務改善・営業利益増

成果　個別のソフトをデータウェアハウス内に統合しデータの活用が進んだ

データを集約して活用を推進

土木建築や建物・道路の施行を行う後藤組では、2000年代に開発されたオンプレミスシステムを利用していました。利用開始以降さまざまな機能を追加してきた結果、データの所在がわからない、新たな外部サービスを組み込むことができないなどの問題が発生するようになりました。

そこで、同社はベンダー企業に各種システムの構築を依頼しました。**クラウドサービスを使用して勤怠管理や経費精算、原価管理などを行い、データウェアハウス内に集約**。また、以前からオンプレミスで使用していた作図ソフトや積算ソフトなどの業務特化ソフトもデータウェアハウス内に統合することでデータの活用を推進していきました。

これらの取り組みは業務改善につながり、前期と比較して残業時間が20%削減され、営業利益は44%増加しました。

オペレーション

推進企業

後藤組

Digital Transformation

93

業務プロセス

車両にGPSを取り付けて配送計画を効率化

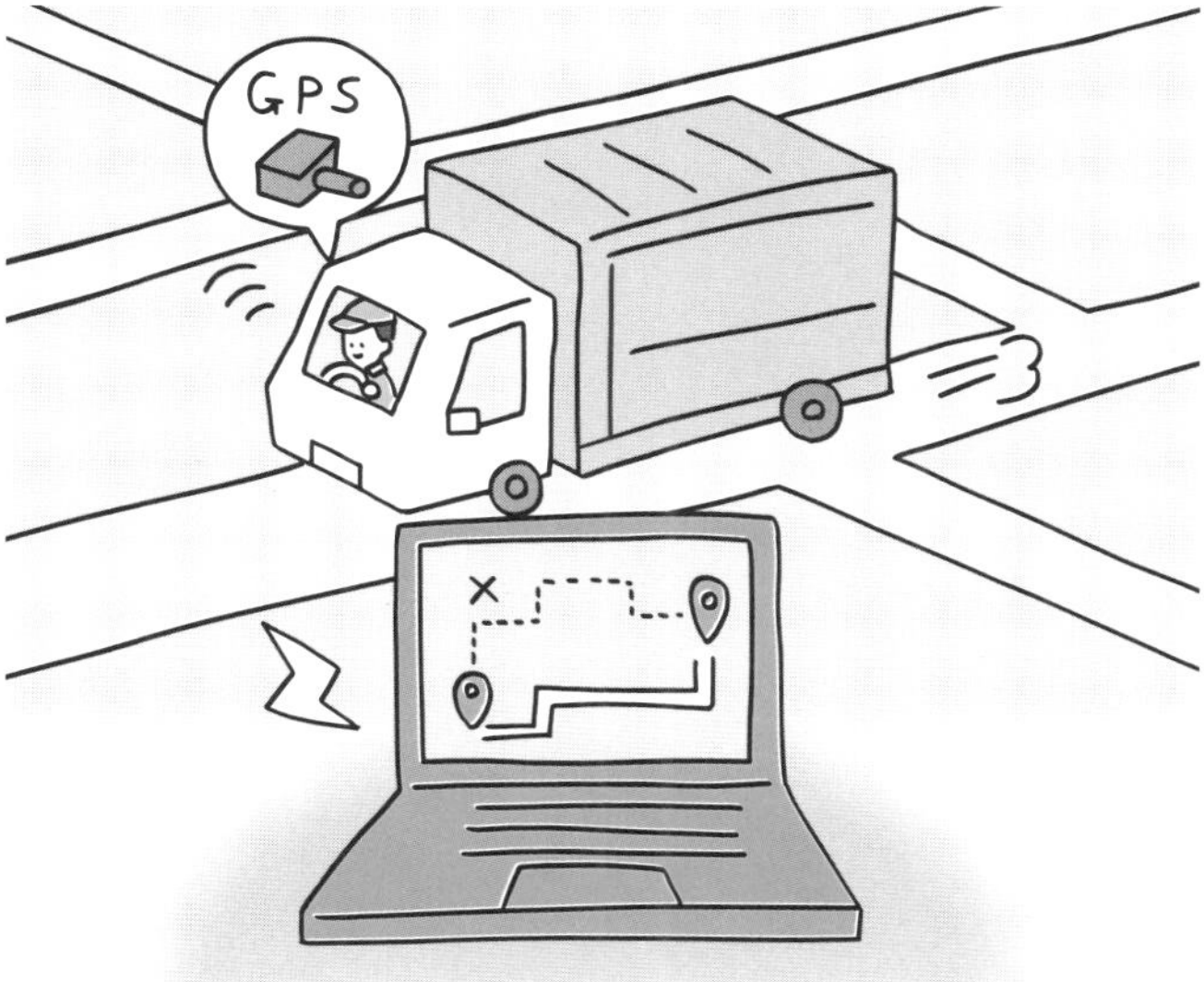

成果 貨物輸送車にGPSを付けて最適なルートを算出

貨物輸送の流れをGPSで管理

２０２４年４月１日以降、働き方改革の影響で自動車運転の年間時間外労働の上限が制限されることになり、物流業界では効率的な運送が求められています。しかし、運送データの入手や整理、ダイヤ検証には多くの手間と時間がかかります。

そこで活用できるのが、**車両にGPSを付けるだけで車両のコース、稼働時間などを管理できるサービス「MOVO Fleet」です**。５秒ごとに位置情報を取得し、配送計画通りに運送ができているかをWeb上のダッシュボードで確認できます。また、日報の自動生成や過去の走行データの蓄積など、従来なら手動で行われていた作業も自動化できるようになりました。

このサービスを導入した豊田自動織機は、ダイヤの検証にかかる時間が月12時間から6時間へ、50%減少させることに成功しています。

物流

推進企業

豊田自動織機

AI検査システムの導入で製品の検査時間が40％減

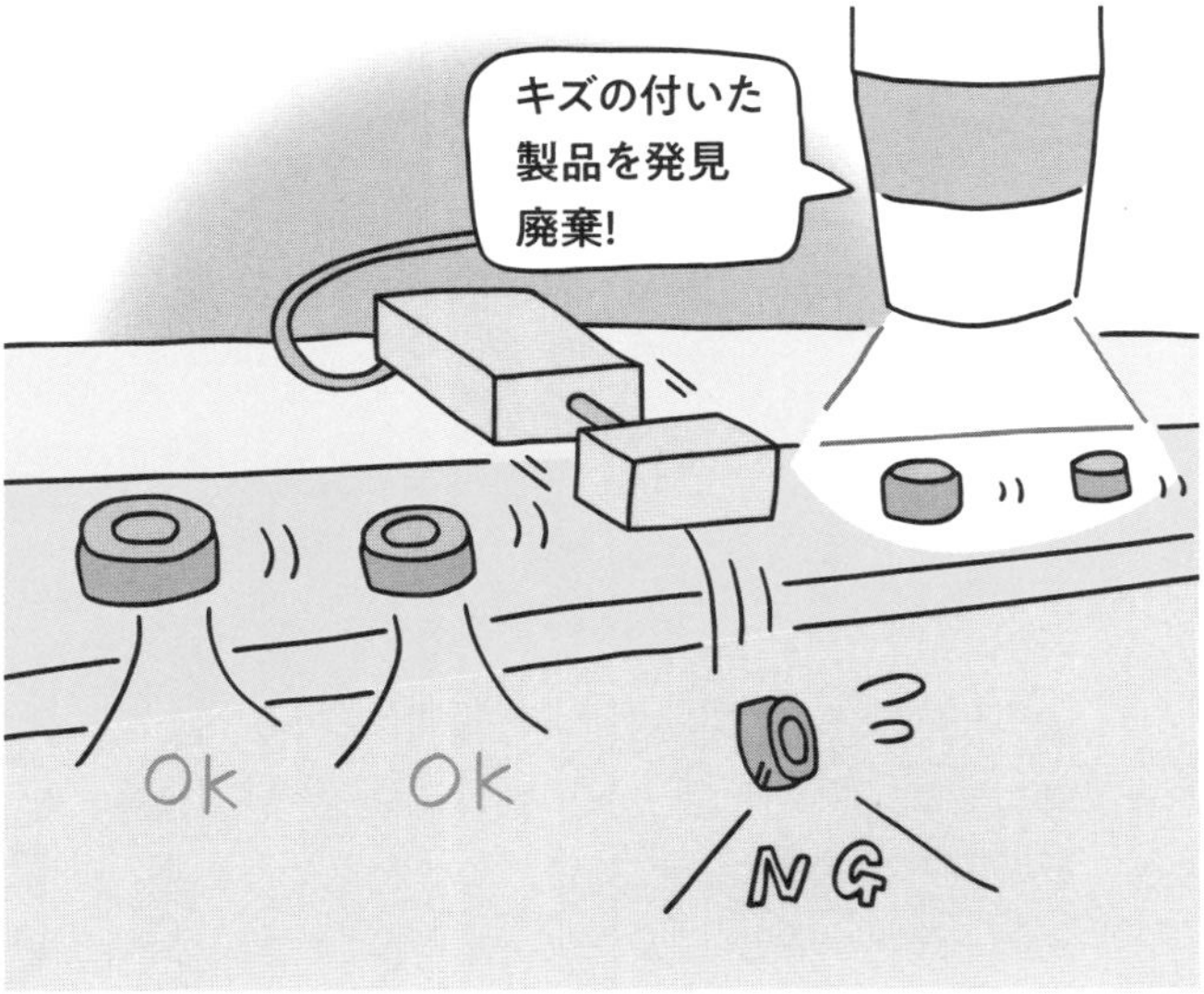

キズの付いた
製品を発見
廃棄!
OK
OK
NG

成果　従業員による目視検査の時間を25分の1に短縮し利益率も向上

AIができる作業はAIに任せる

ヨシズミプレスは、電池部品や金属文具などの製造、自動運転車のセンサーに使用される半導体レーザーの製造を行っています。同製品は、一度に30万〜50万個を製造する必要があり、かなりの時間がかかります。特に、厳格な国際規格に基づく検査には時間がかかっていました。

そこで、AIによる検査を導入しました。この導入により、**以前は目視検査で6人が10日間かけて行っていた50万個の製品の検査時間が、1カ月あたりで総時間の40％削減されました。**

また、AIが不良品と判定した製品のみを担当者が再度検査するため、目視検査の時間を25分の1に短縮することができました。このように、人手のかかる業務を自動化したことで従業員の負担が軽減され、利益率が向上しました。

生産・製造

推進企業
ヨシズミプレス

第8章

地域が変わる

Web 上では遠く離れた人へ
容易にアクセスできるため、
うまく使うと商圏を大きく広げることができます。
ここでは DX によって商圏や地域に
変化が生まれた事例を紹介します。

Digital Transformation

95

地域

電子マネー付きポイントカードで商店街と地域住民をつなげる

販売・サービス

推進地域
広島県庄原市東城町

背景　地域の人口減少に伴って地域の消費量が減少していた

地域独自の電子マネー付きポイントカード

広島県庄原市東城町では、少子高齢化による人口減少と地元の消費量減少が課題となっていました。

そこで、1人あたりの消費量の増加と地域経済の活性化を目指し、東城町商工会が主体となって導入したのが「ほろかカード」です。

貯まったポイントを地域で使える便利でお得なカードです。また、**顧客データの収集により、年齢層ごとの購買金額やどの店舗で買い物が行われているかといった情報を得ることができます**。それに基づいて、個別店舗への支援や経済産業省への補助金申請時のエビデンスとして活用することも可能になりました。

２０２１年９月時点では、ほろかカードの保有率は東城町の人口の90％に達し、年間の利用総額は約15億円に上りました。

成果 地域で使えるカードで地域経済が循環し、活性化した

Digital Transformation

96

地域

無人の車泊スペースで遊休地をマネタイズ

背景 未活用の観光資源があり、かつ、本来認められていない車中泊が発生している

シェアリングエコノミーで観光を活性化

全国各地の地域課題はさまざまです。自然や歴史、文化など、未活用な観光資源があること、全国の道の駅では、本来認められていない車中泊が発生し、課題となっていました。

そこで、時間貸し駐車場を提供する企業トラストパークは、これまで活用されていなかった遊休地を活用し、車中泊スペースを設置して収益化を目指すため、**個人が保有する遊休資産の貸し出しを仲介するシェアリングエコノミーサービスを開始しました**。既存のシェアリングエコノミー予約プラットフォームと宿泊スペースを連携させた休憩駐車管理システムを開発。この導入後、「車泊」という新たな旅の形としてアピールし、道の駅や観光施設などの遊休地に導入しました。利用件数は右肩上がりの推移となり、地域経済への効果として5年半で約2億2300万円の滞在消費が算出されました。

経営企画

推進企業

トラストパーク

成果 遊休地を活かして地域の観光産業が活発化した

Digital Transformation

97

地域

リアルタイムにオンラインで複数の売り場を確認・注文できる

販売・サービス

推進地域

福島県双葉郡浪江町

過疎地域での問題

・高齢化率の増加
・原発事故による避難
→ 人口が減少

▼

高齢で運転ができず、
移動手段がない人が多い

▼

荷物の運搬がつらく、
買い物がおっくう

背景　地域経済活性化のため
住民が楽に買い物できるようにしたい

デジタルを使った新しい買い物の形

福島県双葉郡浪江町は、2017年4月から過疎地域に指定されています。町の地域経済を活性化させるため、凸版印刷、日産自動車、及びNoMAラボが協力し、VRを活用した買い物支援サービスを開始しました。このサービスでは、**VRを使って買い物をし、購入した商品を配達してもらうことができます。**「VR買い物支援サービス」では、各店舗の商品棚に設置されたカメラ映像をタブレットでリアルタイムに確認することができます。これにより、実際の商品を見ながら購入するだけでなく、複数の店舗の商品を一度に見ることもできます。

また、購入した商品は日産自動車の「なみえスマートモビリティ」を使って自宅に配達されます。なみえスマートモビリティは、旅客と荷物の同時配送を行う貨客混載サービスも提供しています。

成果　タブレットで一度に複数店舗の商品を確認でき、便利な宅配サービスも提供

スムーズな情報提供で移動・旅をアップグレード

ICカードで
新幹線に
乗れるんだ
JR
アプリ
来月、仙台
に行くの
私は
金沢に

成果　アプリやシステム連携で
客のストレスフリーな移動を可能に

ストレスのないスムーズな移動を実現

ＪＲ東日本では、顧客のシームレスな移動や総移動時間の短縮、ストレスフリーな移動を実現するため、「モビリティ・リンケージ・プラットフォーム」を構築しました。このプラットフォームでは、**移動に関する検索、手段の選択、決済などを一括で提供します**。具体的には、ＪＲ東日本が提供している「ＪＲ東日本アプリ」にて、運航情報や振替輸送情報などを提供し、現在の経路検索や列車の混雑状況も確認できます。

また、「新幹線ｅチケットサービス」も開始されました。これは、オンライン予約サイトで予約した情報が交通系ＩＣカードと連携し、新幹線の自動改札機にＩＣカードをタッチすることで新幹線乗り場に入れる仕組みです。切符は不要で新幹線に乗ることができます。

販売・サービス

推進企業
東日本旅客鉄道
（JR東日本）

Digital Transformation

99

地域

ドローン配送で地域内の流通を効率化

成果　買い物が困難な人の利便性を高め地域流通の活性化を目指す

地域と店をドローンでつなぐ

笹川工建は、佐賀県内で注文住宅を手掛ける企業です。同社はまちづくりにも積極的に取り組んでおり、その一環としてドローン事業を行うトルビズオンと協力し、過疎化が進む佐賀県多久市で上空シェアリングサービスを提供し、**官民連携を通じてドローンを活用した物流の実用化を目指しています**。

現在は実証実験段階ですが、買い物が困難な人向けの取り組みとして、電話で注文を受け、ホームセンターから介護老人保健施設への買い物支援を行うことを目指しています。また、医療現場では電話診療の後に処方箋をもらい、調剤薬局から薬の輸送を行ったり、山間部での積雪や大雨による道路の寸断を想定して医療支援を行うことを目指しています。さらに、新聞配達やデリバリーなど、多様な場面での活用を目指しています。

販売・サービス

推進企業
笹川工建

Digital Transformation

100

地域

デジタルと友達になりデジタルで友達を増やすまちづくり

販売・サービス

推進企業

宮崎県都農町
中町商店街

成果 デジタルでつながり
高齢者の孤立を解消

まち全体による「デジタル・フレンドリー」

宮崎県都農町では新型コロナウイルス感染症の発生により、高齢者の孤独や孤立化が顕在化しました。そのため、2020年6月にデジタル化の推進をまち全体で行う「デジタル・フレンドリー宣言」を開始しました。この宣言は、**すべての町民がデジタルを日常生活で自在に使えることを目指しています。**

まず、まち全域に光回線を整備し、約2000世帯に無料でタブレットを貸与しました。また、「都農ページ」という双方向型のポータルサイトを作成し、まちの情報発信や町民からの意見を受け付ける場を提供しました。さらに、同自治体ではスマホやタブレットを使用したことのない人に向けて「dサロン」という講習会を年4回、自治会で開催し、「ITヘルプデスク」を設置してデジタルに関する相談に対応しています。これにより、高齢者への持続的なサポートを行っています。

おわりに

ＤＸにまつわる１００の事例を紹介し、「顧客体験」「組織・文化」「情報共有・意思決定」「働き方」「従業員体験」「ビジネスモデル」「業務プロセス」「地域」の８つの変化が起こることを示しました。

ひとり１台スマホを持っているこの時代。私たちの手にあるスマホひとつだけで始められる変革はたくさんあります。

身近なツールやサービスを使いこなすには、「どのような解決するべき問題があるのか」を把握したうえで、その解決の道筋に合ったツール、サービスを選択することが重要です。

本書を読んだ方が、現在必要な問題に、解決の道筋に、使うべきツールに気づくことで、こうした変化がもたらされることを願います。

監修　森戸裕一

監修　森戸裕一（もりと・ゆういち）

一般社団法人日本デジタルトランスフォーメーション推進協会の代表理事。

2002年に創業。ナレッジネットワーク株式会社代表取締役、一般社団法人日本デジタルトランスフォーメーション推進協会代表理事を務めながら、総務省地域情報化アドバイザー、デジタル庁シェアリングエコノミー伝道師としても活動する。2021年からは、自治体の最高情報責任者補佐官として、地方自治体の変革を先導する立場で活動の幅をさらに広げている。創業以来、企業や自治体主催の基調講演やセミナー、社員研修など、創業以来3000回以上の登壇実績を持ち、ここ数年は、デジタルトランスフォーメーション（DX）、リスキリング、働き方改革・ワークスタイル変革、IoT・AI・ビッグデータ、地方創生、コミュニティづくりとコミュニティシップ、新規事業立ち上げをキーワードにした講演依頼が殺到している。

著書に、『人と組織が動く中小企業のIT経営』（日経BP）、『変われる会社の条件 変われない会社の弱点（ワークスタイル変革実践講座（NextPublishing））』（マスターピース）がある。

執筆協力	中野佑也
本文・カバーデザイン	ソウルデザイン
本文イラスト	タカイチ、前田はんきち、ミヤザワウーカ
カバーイラスト	前田はんきち
校正協力	株式会社ぷれす
DTP	佐藤修
編集・制作	金丸信丈、榎元彰信（ループスプロダクション）

本書は、企業・官公庁のプレスリリースなどの公開情報をもとに編集部が事例を選定し、紹介しています。


イラストでわかる!

DXで変わる100の景色

監修者　森戸裕一
発行者　池田士文
印刷所　大日本印刷株式会社
製本所　大日本印刷株式会社
発行所　株式会社池田書店
〒162-0851
東京都新宿区弁天町43番地
電話 03-3267-6821（代）
FAX 03-3235-6672

落丁・乱丁はお取り替えいたします。

ISBN 978-4-262-17484-6

[本書内容に関するお問い合わせ]
書名、該当ページを明記の上、郵送、FAX、または当社ホームページお問い合わせフォームからお送りください。なお回答にはお時間がかかる場合がございます。電話によるお問い合わせはお受けしておりません。また本書内容以外のご質問などにもお答えできませんので、あらかじめご了承ください。本書のご感想についても、当社HPフォームよりお寄せください。
[お問い合わせ・ご感想フォーム]
当社ホームページから
https://www.ikedashoten.co.jp/

23000008